ディープラーニングがロボットを変える

尾形哲也――著
Tetsuya Ogata

B&Tブックス
日刊工業新聞社

はじめに

本書は「ディープラーニング」、「ロボティクス」などの言葉に興味はあるが、具体的には関わっていないような方々を対象に、これらの研究、技術の簡単な概要と、今後の発展やその融合の可能性などに関する〝私見〟を自由に述べたものになっています。

この本の企画の相談を最初に受けた時、とても執筆する時間が取れず、難しいと感じたため、インタビューを行ってその対話を起こして編集する、という形式をとりました。対話をもとにしているため、自分の考えや伝えたいことをうまく文章にするのが難しく、推敲を繰り返して、なんとか形になりました。

ただ、この方法をとることで、新しい発見もありました。自分としてはあまり面白いとは思っていない内容（私自身の話とか）も、本の中に盛り込まれることとなった点です。もしも私自身が一から執筆したのであれば、この辺は書かないだろうな、という部分が引き出されました。この点は、インタビュー形式にしていただいたことがよかったと思います。

私を知っている方の中には、私がこのような本を出すことに意外感を持たれる方もいるかもしれません。私自身も最初の自分の本が縦書きで、しかもビジネスの話題を含むものになるとは想像もしませんでした。私自身の本来の興味は、ディープラーニング（深層学習）を通して見えてくる〝人間の知能〟、そして〝ロボットの知能と身体の関連〟です。本書の中でも部分的にそのさわりの議論が出てきますが、今後、別の機会をいただくことがあれば、その辺のところをしっかりと記してみたいと考えております。

改めてこのような機会をいただいた、日刊工業新聞社の原田英典さん、土坂裕子さん、クリエイターズギルドの狐塚淳さんに御礼申し上げます。

目次

第一章
ディープラーニングがAIの未来を切り拓く

第二章 ディープラーニングが知能ロボットを変えていく

第三章

ディープラーニングが生み出す未来のロボットの可能性

第四章 ディープラーニングの活用で成功するために

第一章

ディープラーニングがAIの未来を切り拓く

AIの〝冬の時代〟を終わらせたディープラーニング

第3次ＡＩ（人工知能）ブームだと言われています。

機械学習の一種であるディープラーニング（深層学習）が成果を上げ始めたのは2012年ですが、ブームと呼べるほど注目され始めたのは2014年以降かと思います。この成功を受けて現在では、ＡＩとはあまり関係のないサービスや製品でも「ＡＩ」を謳い、政府や企業、研究機関のＡＩ関連の発表が矢継ぎ早に報道されています。

しかし、その前には、「ＡＩの冬」と呼ばれる長い時代がありました。第5世代コンピュータ研究が終焉を迎えた1990年代以降、ＡＩ研究はさまざまなアプローチで継続されていましたが、なかなか大きな成果には結びつきませんでした。例えば、画像認識の分野では統計機械学習が研究されていましたが、人間が与える事前分布や特徴量の調整が解答の精度を決めるため、コンピュータに任せられる部分はそう多くありませんでした。

機械学習
観測データからデータを生成するモデルを推定して、未観測データの予測、分類を可能とする技術。

第5世代コンピュータ
1982年、当時の通商産業省（現経済産業省）が立ち上げた研究プロジェクト。ＡＩを搭載したコンピュータの実現を目標とした。

統計機械学習
収集したデータの分布を仮定して、もっともらしい平均や分散などの数値を求めモデリングする手法。

特徴量
データを分類するための特徴を数値化したもの。

しかし、そこに登場したのがディープラーニングです。2012年ILSVRCという画像分類を競う大会で、カナダのトロント大学チームのディープラーニングを用いた画像認識プログラムが圧倒的な認識力でトップに輝きました。それ以前はこのコンテストでも統計機械学習の利用が主流で、各チームは数%程度のエラー率の差でつばぜり合いを演じていたのですが、トロント大学チームはエラー率を一気に10%近く引き下げてしまいました。多くのAI研究者がこの結果に驚き、ディープラーニングへの関心を示しましたが、世間的にはまだその重要性は認識されていませんでした。

ディープラーニングが世間から注目されたのは、同じく2012年にグーグルが猫の画像の認識に成功したというニュースでしょう。インターネット上の膨大な猫の画像をインプットデータとして膨大なコアの多層ニューラルネットワークで学習した結果、猫の画像を猫と判別できたのです(その他の画像も判別しました)。

さらに、まだ10年はコンピュータは人間に勝てないと言われていた囲碁でグーグルのアルファ碁が2016年にイ・セドル九段、2017年に柯潔九段を破り、ディープラーニングが知的な成果を示しうる存在だという認識が広がりました。

アルファ碁
グーグル・ディープマインドが開発したコンピュータ囲碁プログラム。柯潔九段との対局後、引退を表明した。

この前後から、各国がＡＩ関連の高額な研究予算を確保し、新たな研究機関を組織するなどの動きが出てきました。新しいテクノロジーを取り入れることに熱心な企業も、ＡＩに力を入れるようになってきました。

長かった「ＡＩの冬」は終わりを告げ、第３次ＡＩブームが始まったのです。

ディープラーニングが秘める社会的な可能性

しかし、今回のＡＩブームに懐疑的な人たちもいます。

ＡＩの最終的な目標として、人間の脳や知性を完全にシミュレートすることが挙げられます。そうした研究に取り組んでいる研究者もいますが、しかし現段階ではそこにいたる道筋はまだ見えていません。そこにたどり着くためには、たぶんいくつものブレークスルーが必要になるでしょう。その手前で、再び期待がしぼみ、現在のブームは終わってしまうと考える人もいます。

しかも、ＡＩ全体の中で現在、主に目覚ましい成果を上げているのは、その一部に過ぎないディープラーニングなのです。ディープラーニングによって可能なことが一通り実現した時点で、ＡＩブームは終わってしまうのでしょうか。

確かに、ＡＩブームという言葉では語られなくなるかもしれませんが、ディープラーニングが秘めている可能性はいまだ多く、まだその利用はとば口に立ったばかりです。成果として示されているものの多くは画像、音声、テキストなど、電子データとしてコンピュータ内でしか扱えないものです。この成果を現実社会でどのように活用していくかという研究は始まったばかりです。

ディープラーニングとは巨大なニューラルネットワーク

では、ディープラーニングとはどのようなテクノロジーなのでしょう。

書店に行けば、多くのディープラーニングに関する本が並んでいますが、それらを読んでもよくわからないという声を、特に文系の方から聞きます。しかし、この数年、ディープラーニングの一般への浸透が始まっていて、やる気のある高校生なら使うことが可能なくらいのコストと勉強で、ディープラーニングの実行環境が手に入るようになってきています。

ディープラーニングに利用されている基本技術は脳細胞の動きを模したニューラルネットワークで、与えられたデータからコンピュータが答えの解法を自分で見つけて学習する「機械学習」の一種です。機械学習には「教師あり学習」と「教師なし学習」があります。ディープラーニングは基本的に教師あり学習です。何か入力が与えられ、このように出力して欲しいという目標信号が与えられ、実際の出力と目標信号の誤差をもとに繰り返し学習していきます。ニューラルネットワークは古くからある技術なのですが、これを有効に利用するためには、膨大なデータと気の遠くなるような繰り返しの計算が必要になります。

インターネットの発展によって大量データが手に入りやすくなり、コンピュータの性能が上がったことで大量の計算を行うことにそれほど時間がかからなくなりました。このために、やっとディープラーニングが有効な答えを導き出せるようになったのです。さらに、それをスピーディーに実行するためのいくつかの手法やアルゴリズムの発明もありましたが、それは後ほど説明します。従来から知られている技術を組み合わせてイノベーションを起こしたという点では、電話とカメラ、インターネットを一つにしたｉＰｈｏｎｅの発明と似ているかもしれません。

教師あり学習
入力と出力のペアを持って生成モデルを推定する手法。

教師なし学習
入力データのみからその構造などを推定し、可視化する手法。

大量のデータとすばやく計算を繰り返せるハードウェア環境、そして後ほど説明するライブラリがあれば、ディープラーニングは可能です。そう割り切って始める方法もあります。しかし、仕組みを理解したいという方もいると思いますので、ニューラルネットワークの原理とそれを使ったディープラーニングという技術の概要を紹介します。

ディープラーニングの仕組みの基本

ディープラーニングという考え方の出発点は科学雑誌『サイエンス』に巨人ジェフリー・ヒントン氏が出した2006年の論文です。ディープラーニングの前提となるニューラルネットワークのモデルはずっと古く1943年からあって、私も学部生の時から四半世紀近く扱っています。大学の講義では、世間でいま話題になっているトピックスをいくつか紹介したあとにディープラーニングの仕組みを解説していますが、それは理系の学生として、ニューラルネットワークの基礎は理解しているという前提に立った説明です。

ライブラリ
プログラミングにおいて、繰り返し使用できる処理を他のプログラムから呼び出せる形で集めたもの。グーグルのテンサーフローなど、さまざまな機械学習ライブラリが公開されている。

ジェフリー・ヒントン
トロント大学教授。現在はグーグルにも籍を持つ。ディープラーニングの開発者の一人。

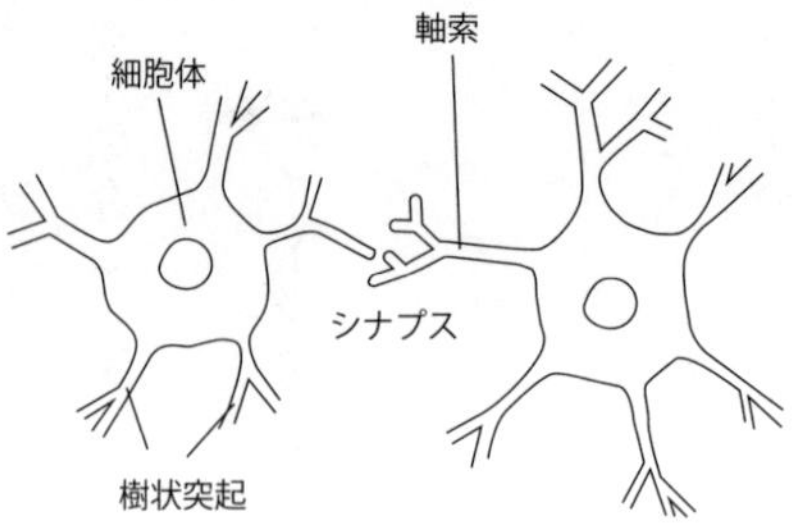

人間の神経細胞ニューロン

この本の読者には文系ビジネスマンの方もいると思いますので、ニューラルネットワークの簡単な説明から始めましょう。

ニューラルネットワークというのは、脳の神経細胞であるニューロンのつながりを模したネットワークモデルです。実際の脳の中では、膨大な数のニューロンのネットワークが複雑に関係して、思考をはじめとするさまざまな人間の活動を決定しています。ニューラルネットワークはその一部を取り出して、単純化したモデルです。

脳のニューロンは多数の他のニューロンから樹状突起を通じて刺激を受け取ります。そうした刺激を受けた結果、このニューロンの突起が別のニューロンに接続し、情報を伝達していきます。脳内の場所によってニューロンの密度は異なり、100万個く

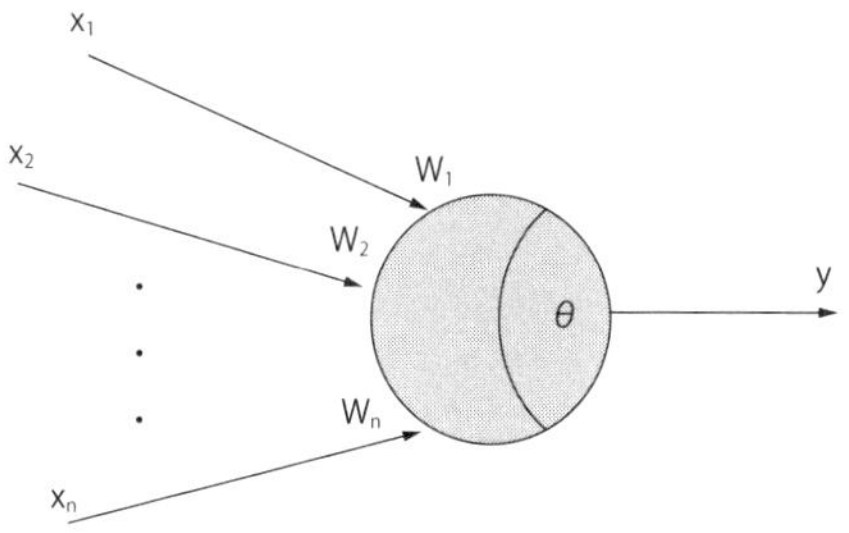

ニューロンを簡略化したマカロピッツモデル

らい接続しているところもあれば、もっと少ないところもあります。小脳まで含めると、人間の脳には全体で約1000億のニューロンがあると言われています。

一つのニューロンをモデル化する研究は膨大にあり、現在も継続しているのですが、1943年に非常に簡略化したマカロピッツモデルが提案され、それから70年以上、工学的な応用においては基本的には皆このモデルを使い続けています。もちろん、提案された当時はコンピュータが利用できなかったのでアイデアだけの理論でしたが、ニューロンの仕組みとしてずっと使い続けられてきました。

このマカロピッツモデルでネットワークの層を構成し、それを何層も重ねたものは「階層型ニューラルネットワーク」と呼ばれます。階層型ニューラル

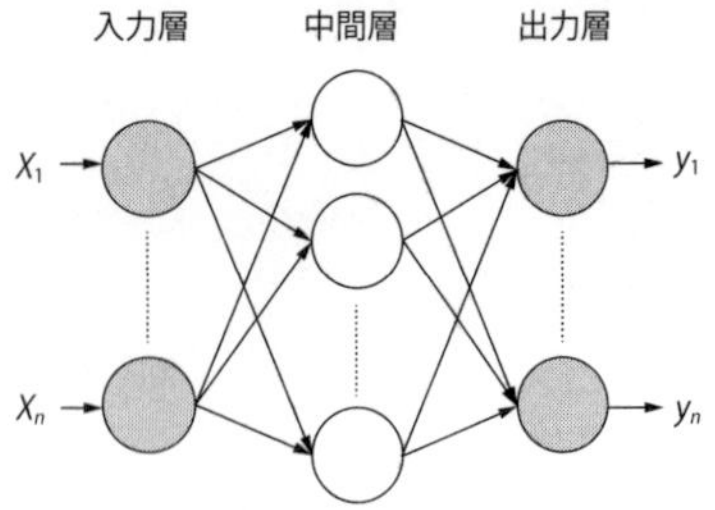

ニューロンの層を重ねたパーセプトロン

ネットワークの代表的な使用法にパターン識別問題があります。とても単純な仮想例を挙げますと、人の顔について目の幅と鼻の高さなど複数の値を用いて個人を見分けるという問題を設定できます。このような問題に解答するために、1950年代には「パーセプトロン」というニューラルネットワークの初期モデルが使われました。

パーセプトロンは入力層と中間層、出力層によって構成された非常にシンプルなニューラルネットワークです。入力層から中間層、出力層へとデータが流れていく中で、学習が行われます。

脳内ではニューロンに送られてくる刺激は電気信号です。そのパルスの大きさが電気量の大きさに比例します。パルスに応じてシナプスで脳内ホルモンが放出されて、ニューロンの膜電位を上げていきます。そして、この電位がある閾値を超えると、また次のニューロンに向けて電気信号が放出されます。これを「発火」と呼んでいます。

二つのニューロン間の結びつきの強さをモデルでは「ウェイト（w）」という言葉で表現し、このウェイトを徐々に変えることで正解に近づける学習をしていきます。入ってきた電圧とウェイトを掛け算して加算していくと、同じパルスを受け取ってもどのくらいで発火量に達するかが変わってくるのです。

$$y=f\left(\sum_i w_i x_i-\theta\right)$$

ニューラルネットワークの図と式を説明する時に、私がよく使う単純な例えがあります。

特定のニューロンを人だと仮定します。この人は馬券を買おうかどうか迷っています。「買う」か「買わない」かを決めなくてはなりません。よく当たるような判断をしたいと思っています。それについて他の人（ニューロン）の意見を聞きます。その際、聞く相手によって信頼度（ウェイト）が違います。「この人はよく当たるからウェイトを高くしておこう」「この人は意見があいまいだから少し下げて

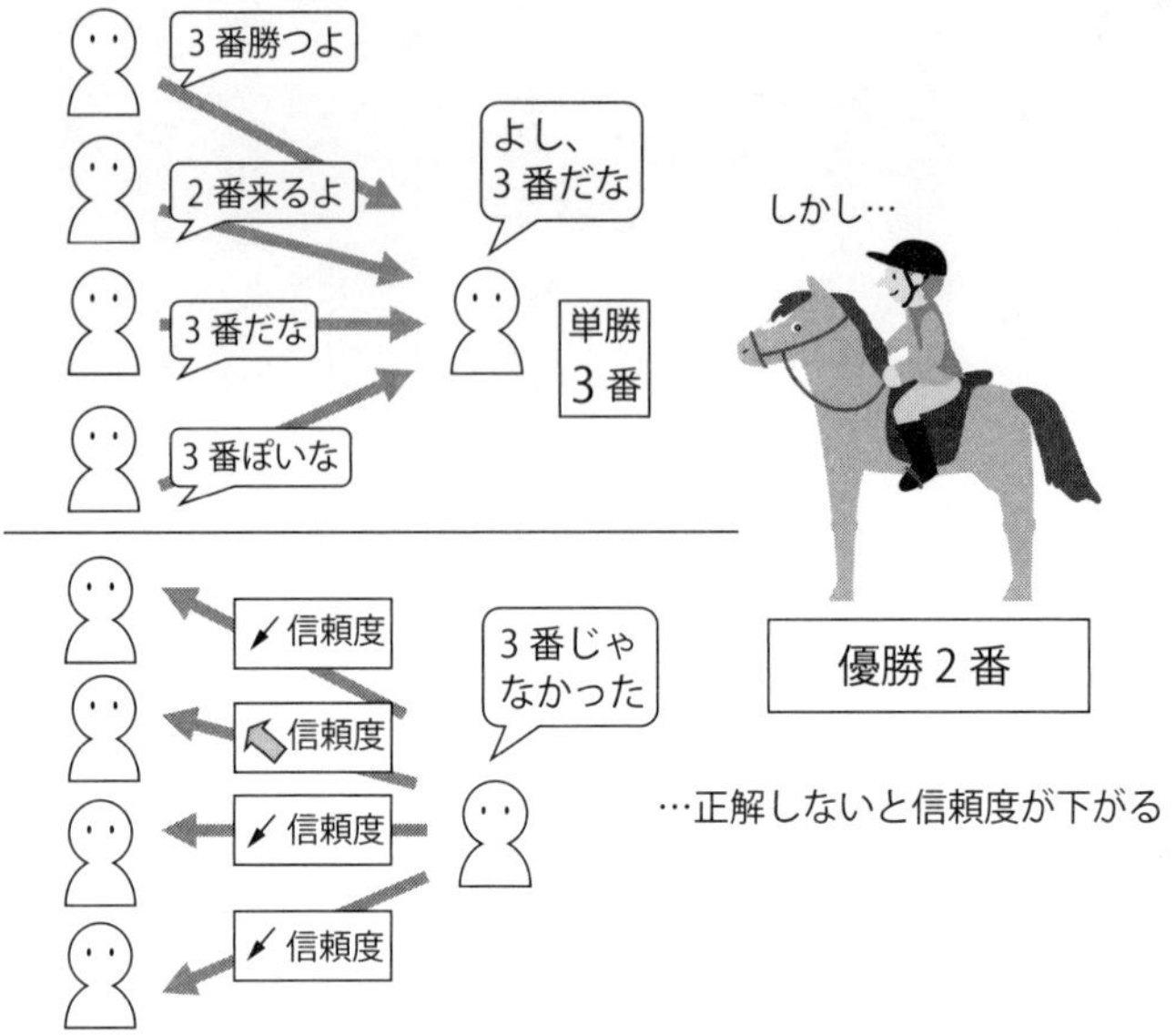

競馬で見るニューラルネットワークの仕組み

おこう」「この人は毎回言うことが逆だから逆をやろう(ウェイトをマイナスにしよう)」といった判断をします。

「買う」「買わない」の意見を聞いてそれぞれその信頼度を掛け算した結果を人数分、蓄積していきます。それとは別に、自分が買いやすい傾向の馬券、買いにくい傾向の馬券、例えば、そもそもこの競馬場は当たりやすいのか当たりにくいのかなどを勘案します。これが先の式でいうと「θ」になります。意見と信頼度の掛け算を蓄積した値と、このθの値を比較して、「買う」か「買わない」かが決定されます。

そして、レースの結果が出ました。買って当たった時、あるいは買わなくてよかったという時はこの人は黙っています。しかし、「買っておけばよかった」「買わなければよかった」と思った時にはここに誤差が出てきます。これが機械学習の教師信号のエラーです。

この誤差、エラーを使って、より馬券が当たりやすい意見を集められる環境に調整していきます。買ったけどダメだった時には、買うようにとアドバイスした人のウェイトを下げます。買うなと言ってくれた人のウェイトは上げなくてはいけません。このケースでは、理想の出力との誤差と、自分がどう行動したか、相手がどう言ったかという三つの情報だけでウェイトを更新していきます。これが「パーセプトロン」と呼ばれる、一番基本のニューラルネットワークの更新式になります。

そして、θも変更します。買って当たれば、この競馬場の印象は当たりやすくなるからθも下げます。買って外れれば、少し買うのを控えようとθを上げることで全体傾向を調整します。

多層のニューラルネットワークの問題

最初にパーセプトロンが出てきたころは　こうした数十のニューロンからなる2、3層を作るのがやっとだったのが、1980年ごろの第二期では数百に増加し、いまは数十万、数百万のニューロンを含む多層のネットワークになりました。これがディープラーニングです。

この膨大なニューロンを使って何を行っているのか。その一つに画像の認識があります。

先ほどの馬券の購入のそれぞれの意見を画素（ピクセル）だとします。ピクセルごとの入力の意見を聞いて、例えば画像に何が映っているのかを判定しなくてはなりません。画素単位の入力をニューラルネットワークが判断します。入力がn次元（n個の画素）で「AとBの写真を区別しなさい」という問題の場合、n次元の空間上で、Aを表す点群とBを表す点群の分布を区切って区別できるかどうか判断します。AとBの散らばり方によっては、ニューラルネットワークが表現する超平面だと、どう動かしても（ウェイトを調整しても）うまく切れずに判断できないケースが出てきます。

しかし、ニューラルネットワークの層を増やすと、超平面での区別を繰り返し行うことができ、さらに細かく空間が切れるようになります。例えば、平面で見ていた時はAの点が中央に集中して、それをBの点がドーナツ状に取り囲んでいたように見えたものでも、層を増やすとそのドーナツ状の構造を近似できるようになり、区別することができるようになるのです。

80年代はコンピュータのパフォーマンスが不足して大量の計算が困難だったため、層の数が3層から5層と少なく、あまり複雑な問題になるとうまくデータの切り分けができませんでした。

当時も層を増やせば性能が上がることはわかっていたのですが、そんな計算はできないから学習はこれ以上できないと考えて、層を増やすのをあきらめていました。層を増やすのが難しい理由としては、計算力以外にも、いくつかの原理的な問題が起きていました。

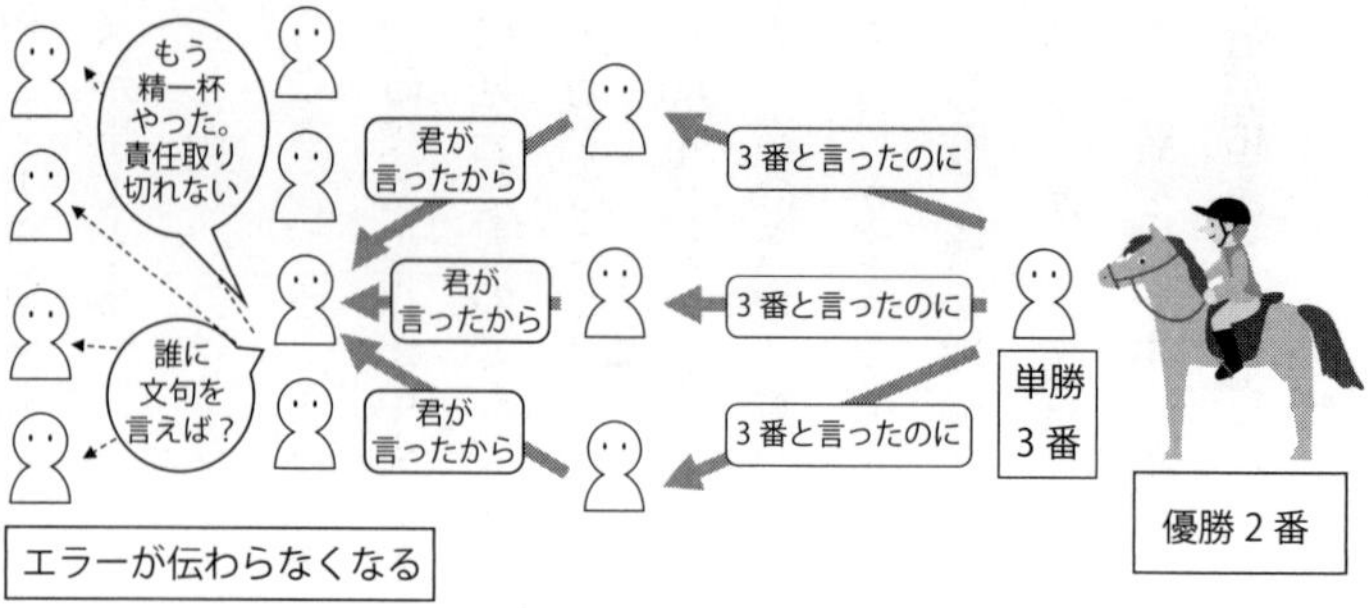

競馬で見るグラディエントバニッシュメントの仕組み

問題1　多層のネットワークの学習（バックプロパゲーション）

最初の問題は学習法そのものです。競馬の例で言うと、間違えたアドバイスをした人のウェイトを更新していくのですが、多層の場合、言われた方はその更新を前の人にも伝えなくてはいけません。「自分だって別の人にこんなこと言われたからこう判断してしまったのだ」というわけです。

こうして後ろにどんどん責任転嫁していくことを「誤差逆伝搬（バックプロパゲーション）」と言います。この責任転嫁の定式化が必要だったのですが、これは80年代にすでにラメルハートという人が手法を提案し、解けるようになりました。

問題2　グラディエントバニッシュメント

このバックプロパゲーションが開発されたのは大変によかったのですが、そのあとさらに難しい問題が起こりました。その一つが、グラディエントバニッシュメントです。

具体的にはバックプロパゲーションでも、それを繰り返す、つまり多層になるとエラーが伝わりづらくなってしまう現象です。先の例でいうと、後ろに伝わっていく過程で、誰の責任かというのがだんだん伝わりづらくなるのです。

よくあるパターンでは、例えば、誰か1人にエラーが集中すると、その人はもうどうしていいかわからなくなる。具体的にはウェイトが非常に大きくなってしまい、エラーを減らすように自分の出力を変えることが、それ以上できなくなる。そして、その人から前の人にはエラーがうまく伝わらなくなってしまいます。

これが「グラディエントバニッシュメント」という問題です。

問題3　過学習

別の問題として、多層になると学習能力が高くなりすぎる、というちょっと変わった問題が起こります。「過学習」と呼ばれる問題です。

例えば、赤い点群があってもう一つ新しい点が打たれた時、これが赤い点群の仲間なのかどうなのか判定したいとします。それを判定するためにこの点群を何かモデル（左図の場合は線）で近似させてやりたい。ここで学習を行うのが少数のパラメータしか持たない学習モデルですと、シンプルな線でしか判定できません。その結果、かなり離れたところに打たれた点でもこの赤い点群の仲間だと判定するようになります。しかし、これでは少し判定能力が弱すぎます。人間だとこの辺りならいいだろうと勘で判断できるのですが、このモデルにはそれがわかりません。

前述したように、多層でウェイト（パラメータ）がかなりたくさんあると、区別の線を複数組み合わせることができます。するとこの場合、この複雑な直線をほぼ近似することが可能になります。ところが、こうすると新しい点が打たれた時に、この複雑な近似線に乗っていないものは全部仲間じゃないという強すぎる判定になります。与えられたデータに基づいて極端に近似した線を引いたために、線のすぐそばまできていた新しい点も仲間とはみなされず、他のデータには応用が利かなくなってしまったのです。これが「過学習（オーバーフィッティング）」です。

つまり、学習できる対象に対して学習できるパラメータ数が多すぎると丸暗記が

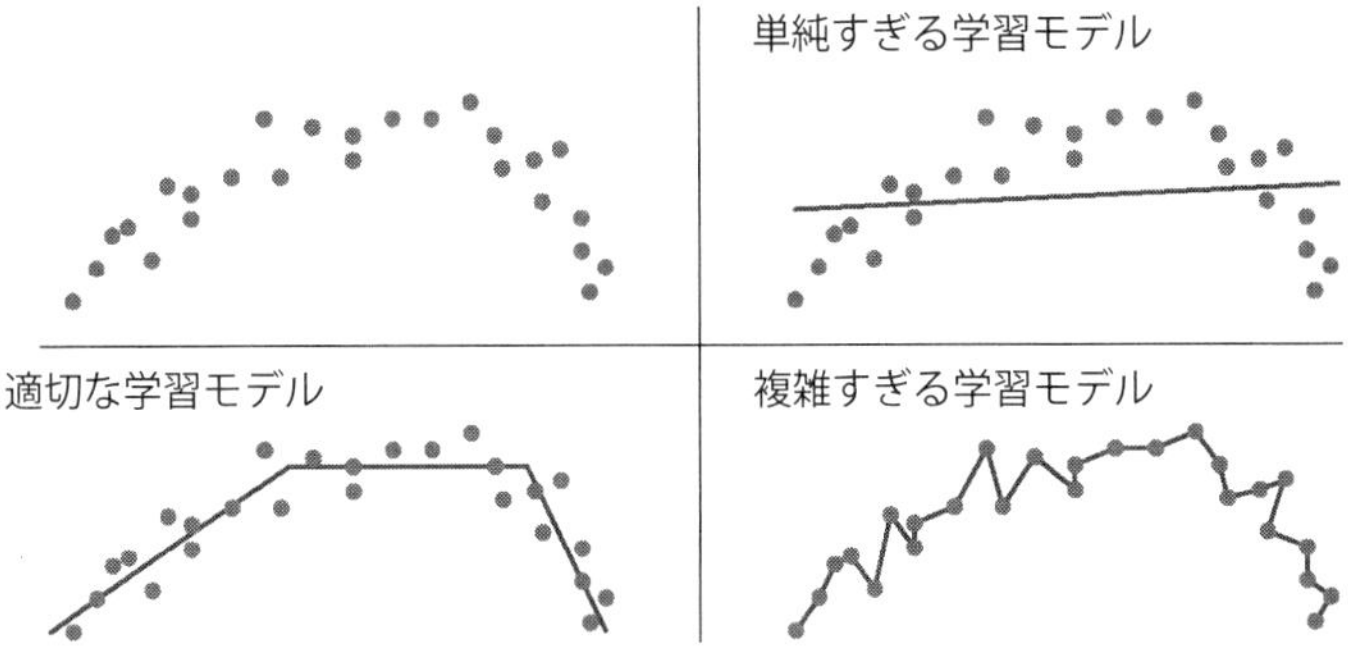

過学習の曲線例

できてしまう。この結果、学習していないデータに対する認識能力が落ちるのです（「汎化性能が落ちる」という言い方をします）。層をディープにすれば学習能力が上がるというのは80年代には皆知っていたのですが、過学習になるため使えないと思っていました。

昔、パーセプトロンは理論的に3層構造で十分だと言われていたのですが、これは当時の学習データ量が少なかったからでもあります。データが少ないのに4層、5層にするとたいてい過学習になってしまい、一般化の能力が落ちてしまいます。そして、層を増やすことで学習時間が膨大に必要になるという課題もありました。

こうした理由から、ニューラルネットワークは複雑な問題には使えないと思われてしまっていたのです。

問題を克服したディープラーニング

ディープラーニングはこのニューラルネットワークの問題、特に問題2、問題3をある程度、克服できるようになったために成果が上がるようになったというのが、重要なポイントです。複数の要因から環境が改善されていったのです。

まず、一つの理由としてデータが増えました。ビッグデータのおかげもありますが、データが少なければ増やせばいいというのがニューラルネットワークでは昔からの手法です。わざとノイズをかけたり、画像だったら位置を平行移動させたり、回転させたりして別のデータにします。これを「データアーギュメント（データの水増し）」と言います。

昔だったら、判定したいパターンに近いきれいな、そして象徴的なデータ（パターン）をいかに集めてくるか、定義するかが問題だったのですが、いまはインターネットのビッグデータや水増しして作ったデータを片端から入力していけばいい

ノイズをかける
データにある統計分布に従ったランダムな値を加えること。

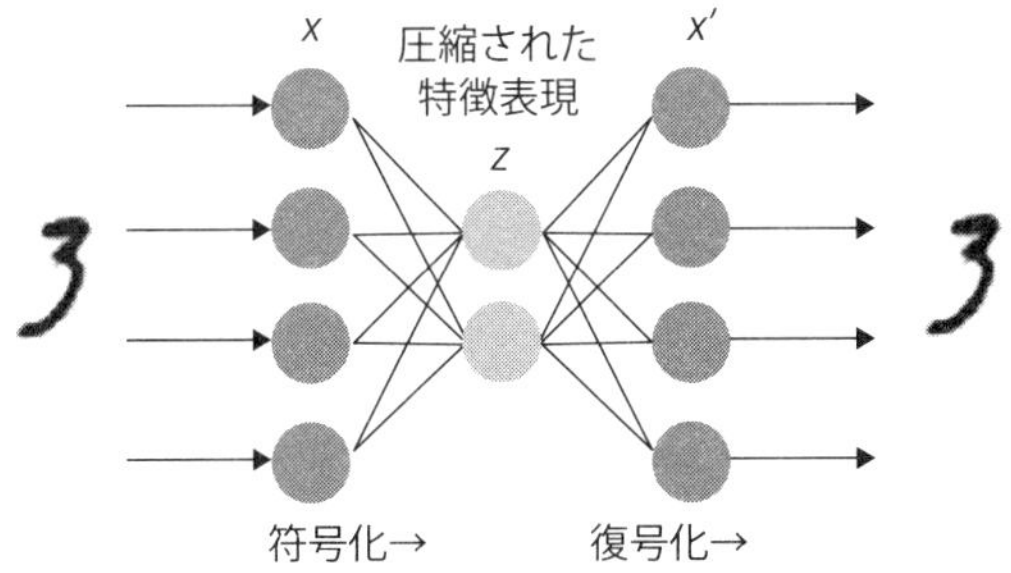

オートエンコーダー

いのです。こういう大胆な方法がとれるようになりました。

それから、並列計算機ができました。昔は能力の低いコンピュータに順番に処理をさせていたために時間が大変かかったのですが、現在は処理能力の高いコンピュータが多数のデータを並列して処理できるため、計算にかかる時間が大幅に短縮できました。

そして三つ目として、学習法にさまざまな改善がなされました。よく教科書的に最初に扱われる例としては、いまはもうあまり使わなくなりましたが、プレトレーニングとファインチューニングという手法があります。これはジェフリー・ヒントン氏が最初に『サイエンス』に書いた2006年の論文に出てきます。彼はこの論文で「オートエンコーダー」

と呼ばれるモデルを学習させています。オートエンコーダーというのは、入力と出力が同じになるよう学習させるニューラルネットワークです。入力と出力が同じで何の意味があるのかと思われるかもしれませんが、このオートエンコーダーは多層構造で、ちょうど真ん中に位置する中間層は、入出力の層のニューロン数よりずっと少ないニューロン数になっています。つまり、情報圧縮を行うニューラルネットワークなのです。次章で、このネットワークの学習法を説明します。

・プレトレーニング

この例では、顔写真の入力ニューロンを画素数対応の2000個くらいにして、途中30個まで減らして、その後また戻してきます。これで、入力と出力が同じになれば、途中の30個にはもともと2000個に載っていた情報が十分に含まれていると推定できます。これを学習させたい時に、普通の学習法ではグラディエントバニッシュメントが起こってしまうのですが、彼は非常に巧妙な方法を提案しました。

エラーをたくさんの層に渡って一気に戻すのではなく、3層ずつを1組にしてその中で戻して学習させます。このように、エラー値を全体で学習する前に、「事前

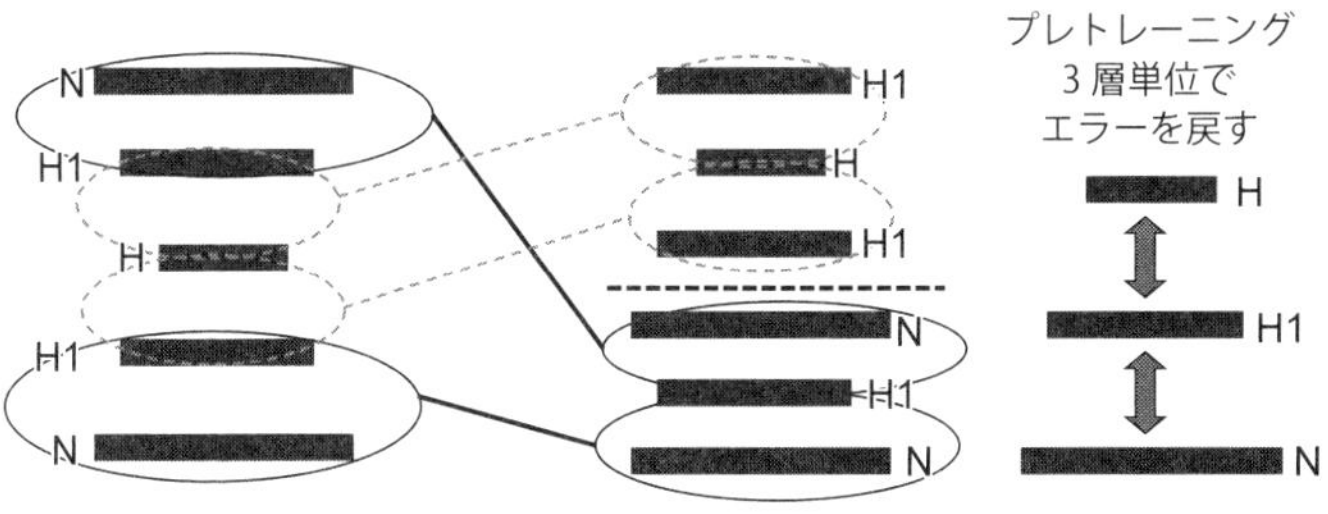

多層オートエンコーダーとそのプレトレーニング

学習＝プレトレーニング」を3層単位でさせるのです。3層なので無理なく学習できるわけです。このウェイトを保存しておきます。

次に、その手前の3層で学習を行い、こちらもウェイトをとっておきます。これを繰り返し、最後に3層同士をくっつけます。これがプレトレーニングの仕組みです。

・ファインチューニング

こうして、2000次元を30次元まで効率よく圧縮することが可能になったら、今度はこの30次元の後ろに別の新しいウェイトを与えて、この顔の人が誰かということを当てるように学習させます。30次元にはこの顔の情報は全部入っているはずなので、判別すれば誰だか当てられるはずです。もともとオートエンコーダーは元のデータに復活させることが目的だったのですが、そうではなくて、ここで得られた30次元を別の目的に使用できるようにもう一度学習をしてあげます。これがファインチューニングです。

こうすることで、このネットワークを別のタスクに利用できるということをヒントン氏はやってみせました。こんなやり方でうまくいくのだろうかと思いますが、この論文では非常にうまくいったのです。

いまはさまざまなディープラーニング用のアルゴリズムが出てきて、プレトレーニングとファインチューニングの組み合わせは少なくなってきていますが、非常に面白いアイデアだと言えます。

・ドロップアウト

この他にも、さまざまなテクニックがあります。

例えば、「ドロップアウト」という手法があります。学習をしている最中に、半分くらいの確率でニューロンを休めます。ニューロンは問題を解いているのにしばらく休んでいていいからと言われ、他のニューロンの学習の負担が増加します。他

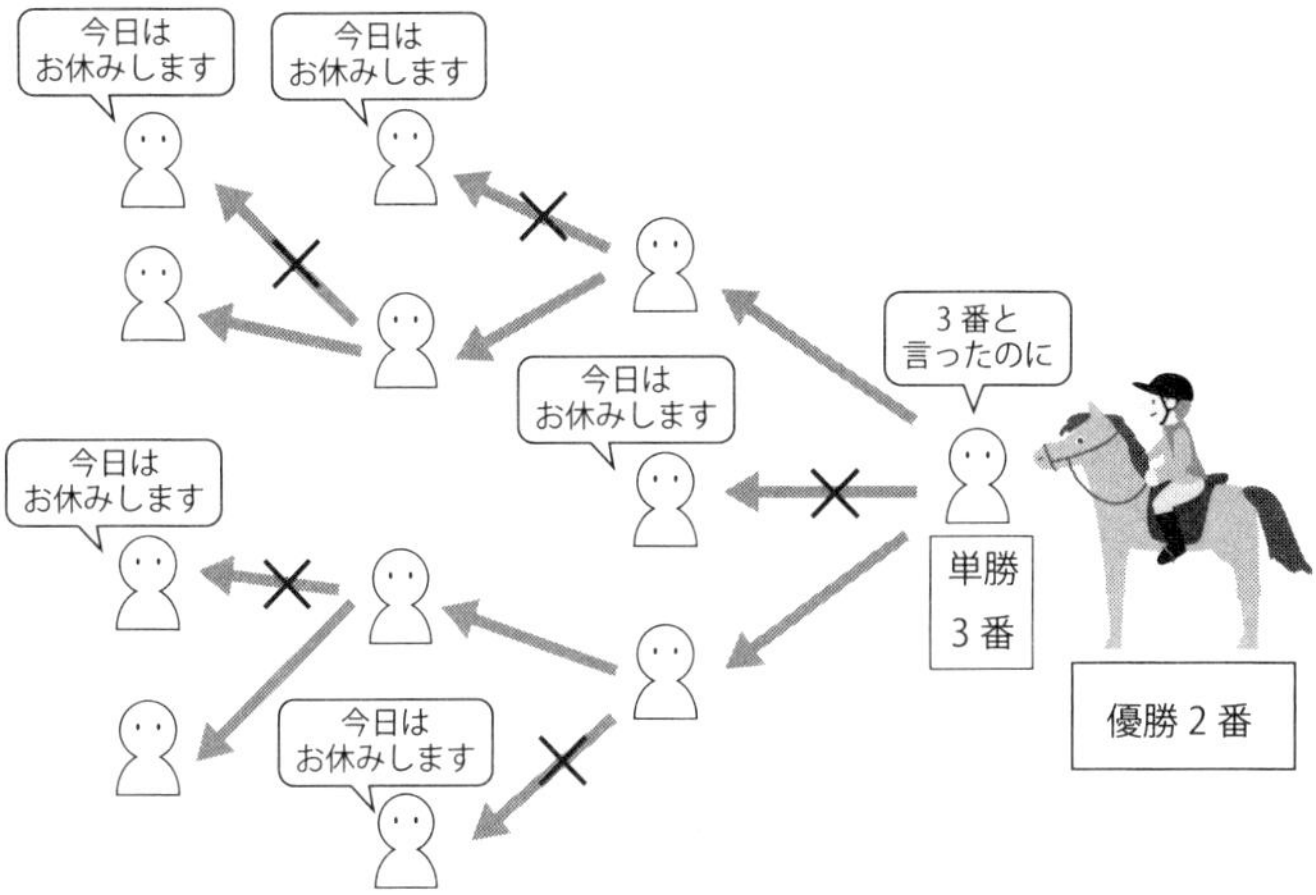

競馬で見るドロップアウトの仕組み

の問題を担当していたニューロンに新しい問題が割り振られると、その問題を別の役割だったニューロンが違う経路で解こうとします。新しいニューロンがそれぞれの流儀で解く、冗長な構成ができあがります。

そうすると、先の例で言うところの「責任」が特定のニューロンに集中しづらくなります。特定のニューロンにエラーが集中しても、責任を別のニューロンに分散できるようになります。これにより責任が集中してエラーが伝わりづらくなるという問題が解消できます。

この手法は、従来の機械学習の常識

とは少し異なります。通常は「スパース化」といって、できるだけニューラルネットワークの内容構造をシンプルにして、中で発火しているニューロンの構造を説明しやすくするというのが常識です。ドロップアウトは同じような役割を異なるニューロンに計算させることで、別のルートでも出力できるようにしていくわけで、この常識とは少し合わない発想です。しかし、この方が学習の効果が上がる場合があるのです。

いまでは、すべてのディープラーニングのライブラリにドロップアウトは入っています。あとから学習してできるようになるということは、似たような構造を持ったニューロンが分散して存在するということを意味しています。

ニューロンの学習限界を広げるReLU

ドロップアウトが処理を他のニューロンに分散させることで学習効率を上げるのに対して、ＲｅＬＵ（正規化線形関数）は個々のニューロンを従来以上に頑張らせて効率向上を目指します。

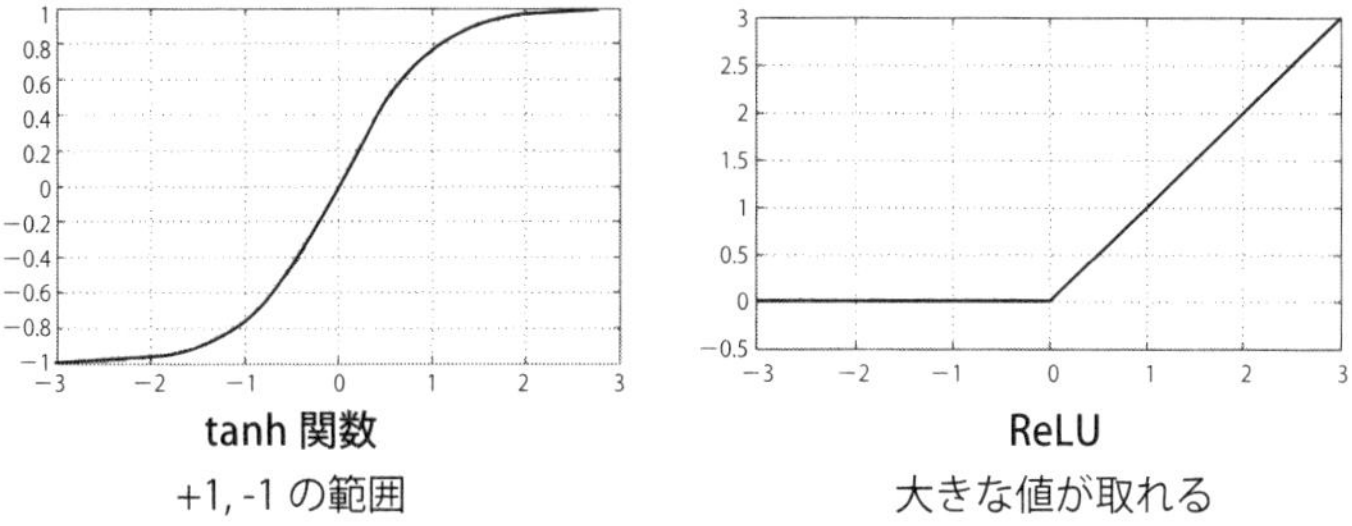

活性化関数の違い

一つ前の層のニューロン出力に、ウェイトをかけたものを全部足した値を、受け取ったニューロンの出力の閾値に達しているかを判断し、最後に「活性化関数」という関数を使って自らの出力を決定します。ReLUはこの活性化関数の一つです。

従来のディープラーニングでは、活性化関数としてシグモンド関数やtanhなどが利用されてきました。しかし、これらの出力は±1の範囲に限定されているため、先のグラディエントバニッシュメント、つまりいくらエラーに応じて自身の出力を変更しようとしても、1以上にはなれない、という問題がありました。

ReLUでは1を超える値の出力が可能なため、ニューロンが頑張って計算すれば、処理結果は大きな値になっていき、グラディエントバニッシュメントが

活性化関数
ニューラルネットワークで入力の総和に対して用いられる非線形関数。

起こりにくくなります。ＲｅＬＵはたくさんのメモリリソースを必要とするために、80年代、90年代はアイデアがなかったのですが、本来、誤差逆伝搬法を利用するだけであれば、微分可能な式はすべて候補になりうるのです。コンピュータの高メモリ化、高速化が進んだ結果、利用が可能になってきました。

ここで紹介したプレトレーニング、ファインチューニング、ドロップアウト、ＲｅＬＵ以外にも、数え切れないほど本当にさまざまな手法が提案され、ディープラーニングの学習効率を劇的に向上させています。例えば、ここで触れなかった重要な手法としてコンボリューションニューラルネットワークがありますが、説明が複雑になりすぎるので、他の文献に譲りたいと思います。

もちろん計算機の高速化、並列化は重要な要素の一つですが、ヒントン氏の論文以降、「原理としてはありうるけど実装が難しそうだ」「効果があるかどうか、やってみないとわからない」と思われていた手法がどんどん実用化されて、パフォーマンスを高めているのがディープラーニングの現状なのです。

時間の観念を持つニューラルネットワーク「RNN」

ディープラーニングの影響を受けて発展した他のニューラルネットワークモデルに、RNN（リカレントニューラルネットワーク）があります。現在、RNNは言語や動画への利用で大きく話題になっています。RNNを利用して、音声を入力すると文字が出力されるものや、新しい写真を入力するとキャプションの文章が自動で出てくるなど、興味深い研究が発表されています。私の知能（認知）ロボットの研究では、主にRNNを利用してきました。ディープラーニングという場合、先に述べた非常に多層のニューラルネットワークだけでなく、このRNNを含むことが一般的です。

通常の階層型ニューラルネットワークとRNNでは何が異なるのかというと、RNNは時系列データの学習を行うネットワークであり、式の中に1ステップ前の情報が直接入り込んでくるのです。

画像識別などで利用される階層型ニューラルネットワークは、問題を解くために必要な情報がすべて入力層に与えられることが前提になっています。例えば、囲碁は目の前の盤上（とアゲハマ、手番）の情報が入力として与えられれば答えを出せます。

しかし、現実の問題では、入力が一緒に思えても、出力を変えなくてはいけない場合がほとんどです。例えば、文章は同じ言葉が与えられていても、それがどんな文の中で出てきたかで意味が変わります。この場合、出力には過去の文章のコンテキスト（文脈）を反映しなくてはなりません。「枯葉が散った」という言葉が出てきた時、秋も終わりで悲しいのか、庭を掃除しなくてはならないという意味なのかは、どんなコンテキストで出てきたかで変わります。

人間は同じシーンを見ながらしゃべる時でも、次々としゃべる内容は変わっていきます。それは、自分が見えるもの、知覚できるもの以外に何かが時間的に流れていることを知っていて、それに対応して出力を変えることができるからです。

そこで、RNNには時間的な要素を加えるようにしてあります。通常のディープラーニングでは、あるニューラルネットワークの層が持っている情報は現在の入力層から送られてきたものだけですが、RNNでは一時刻前の内部の発火状態が加わるのです。時間的な観念が入り込んできたことで、コンテキストが理解できるようになったのです。

ＲＮＮ自体は80年代終わりにはすでに提案されていて、音声やテキストの認識に使われようとしていたのですが、当時の統計機械学習に性能で負けて、特に日本では応用のための手法としては消え去っていたという歴史があります。しかし、最近のディープラーニングブームの中で見直されてきました。

ＲＮＮも階層型ニューラルネットワークと同様に、学習時にステップが遡るとエラー信号がだんだん消えていくグラディエンバニッシュメントの問題がありました。

そこでＲＮＮの場合、この解決のために、長い間状態を維持するニューロン（Long Term Memory）と、短く切り替わるニューロン（Short Term Memory）、というように各ニューロンの時間スケールを学習を通じて切り替えられるようにしたのです。

長い時間保持するニューロンと切り替わりの早いニューロンが役割分担しながら動作します。細かいシーケンスを覚えるニューロンと、それがどのように関係し、

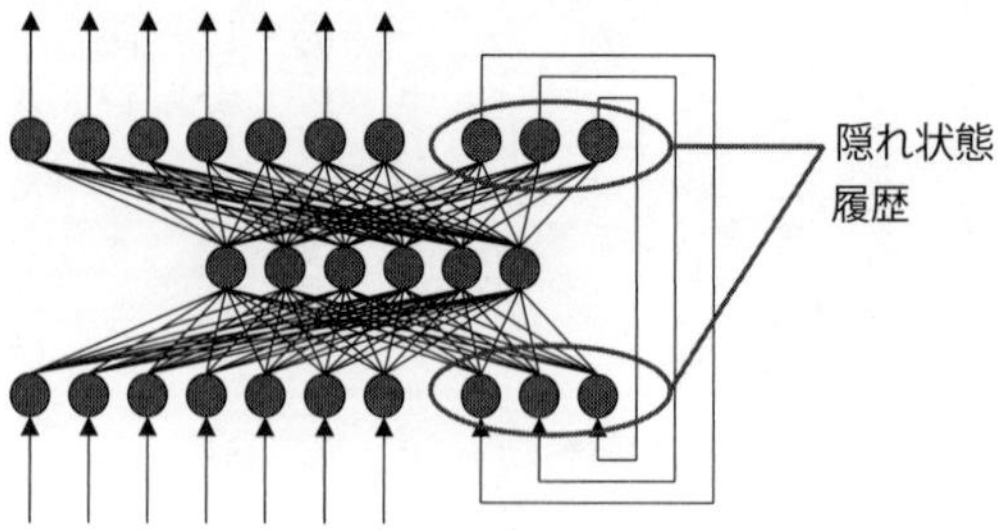

RNNの構造

どのように変化していくかを覚えるニューロンが組み合わさって働いているイメージです。私たちは「マルチタイムスケール」と呼んでいますが、このアイデアがRNNのブレークスルーとなりました。

RNNを用いた翻訳では、例えば、英語と日本語の対訳文を大量に準備しておき、英文とそれに対応する日本語が一つの系列になるように学習させます。すると、未学習の新しい英語を入れても訳してくれるようになります。これを「シークエンストゥーシークエンス学習」と言います。

あとに詳述しますが、私たちはこのRNNを使って、ロボットの動作を生成させています。

ディープラーニングは頑張ってごまかそうとする

ディープラーニングは、現在どの程度人間の知能に近づいているのでしょう。あるいは、どのくらい知能っぽくふるまえるようになっているのでしょう。

面白い例があります。グーグル翻訳は文中に出てくる漢字の列が、読みがわからない特殊な言葉だった時、英語に訳させると読みを自分で考えて作ります。確かに、そんな風に読んでもおかしくはないといった感じの読みを作り出してきます。ところが、同じ言葉が違うコンテキストで出てくると読み方が変わるのです。

同じ組み合わせの漢字であるならば、本来読み方が変わってはだめなはずなのですが、私は変わっていくさまがかわいいと感じました。知らない漢字の読みだからごまかしているのです。文頭に出てきたからこういう読み方にしてみたけれども、別の使い方もするのなら違う読み方かもしれないといったごまかし方をしています。こうした感覚は、いままでの翻訳機では絶対にありえませんでした。読みがわからなかったから漢字がそのまま出てくるか、1回読み方を決めてしまったらコンテキストに関係なくそれを押し通すことしかできなかったと思います。それをグーグル翻訳はコンテキストの違いで何とかしようとする。不正確ですが、頑張る感じが非常にいいと思います。

きれいな体系を作りたい時には、こうしたやり方は絶対認められません。「ごまかすんじゃない」と言われてしまいます。しかし、「ごまかす」という能力は人間にとって非常に重要なものだと思います。世界の中に放り出されて、その場その場を繕ってきて、完璧な答えが欲しいから科学に頼りました。でも、現実にいる時は、完璧なものはないと同時に知っていて頑張るのです。その頑張っている感じを、現在のディープラーニングは少し見せてくれます。

まだまだやらなくてはいけないことはたくさんあるのだけれども、そういった段階の知能を私たちは手に入れているのだという、ちょっとした感動があります。昔ながらのアルゴリズムによる真偽の判定ではなく、「この時は偽かもしれないが、この時は真にしてもいいかもしれない」といった解釈の揺れを、確率とは少し違う方法で実現しているのが面白いのです。

統計機械学習とディープラーニングの違い

ディープラーニングと並ぶ重要な手法に、統計機械学習があります。統計機械学習はIf Thenルールで、世界を全部書けるわけではないという考え方から始まっています。とても単純な例では、「鳥は飛ぶけどペンギンは飛ばない」と言われた時に、鳥が飛ぶ確率は90何%にしようと考えるわけです。ここまで単純ではないですが、ある現象がどうして現れるのかわからない時に、その現れ方の比率が代表的な統計の分布のどれかに従っていると考えるのです。この原則により、十分なデータ数が集まった時には、これは真である確率が何%で、偽である確率が何%という推論を可能にしたのが統計機械学習です。

確かにこの考え方は非常に強力なのですが、少しだけ問題があると思っています。

例えば、最初に仮定して与える「分布」が本当なのかという問題です。また、統計機械学習では分布の端の方の少ない部分は例外的と判断されますが、端のデータの少ない部分にもその時それが発生した理由があるはずで、そのデータがノイズなのか重要なデータなのかを厳密に判断することは困難です。これに関連して、確率で何%という時、最終的な答えを決めていないことも実装するシステムによっては大きな問題です。複数の答えの可能性をそれぞれパーセンテージで表していても、どちらが正解かを選択していません。

ディープラーニングが面白いのは確率的な処理が入らない点です。ディープラーニングは、いい悪いはありますが、一つの正解を判断するのです。そして、それがたぶんディープラーニングがうまく動いている理由です。特にRNNの場合は、「この時はこうで、別の時はこうだった」という違いを、いま見えているものだけでなく、過去のコンテキストまで使って全部何とか説明しようとする。この頑張る感じ、さっきの漢字の読みでもそうでしたが、ある種の構造を内部で作ってなんとか答えにあわせようという傾向があります。ここにディープラーニングの強さがあると思います。

この意味で、数学的にはディープラーニングは非常にシンプルになっています。統計機械学習は世界をある程度理解しているはずの人間の知識をもとに、データを説明する分布を仮定し、少ないサンプルデータでも答えを出します。

ところが、ディープラーニングはその分布という仮定を捨ててしまい、「こうした理由でこうなると思う」という独自の解釈を自分で獲得します。人間だったら、「口ではうまく言えないけど、私はこう思うんだよ」というのを、一部分ですが可能にしたのがディープラーニングの強さだと思います。そのおかげで、後述するように大変わかりづらい、という問題があるのですが。

従来のAIとはアプローチが違う

若手では、ディープラーニングに取り組んでいる人はかなり増えてきました。柔軟に新しい研究テーマを遂行できるのは若い人が多く、そのスピードの速さには感心します。しかし、公的機関などが研究者を集めたいと考えた時に適した人材がいるかというと、難しい状況です。というのも、ディープラーニングは従来のＡＩとはアプローチが大分異なるため、実績のあるＡＩ研究者がディープラーニングを同時に研究するケースが少ないからです。

ディープラーニングを始めた時に自分たちのやってきたことは何だったのだろう、という印象を持つこともあるかもしれません。新しい手法として柔軟にそれを受け入れた上で発展させられる研究者、なかなか受け入れられない研究者がいるでしょう。後者の研究者の中には、ディープラーニングはただのブームであり、従来の方法を発展させる延長線上で、ディープラーニングは超えられると考えている人もいます。もしくは、ディープラーニングを自分たちの仕事で説明可能と考えています。

その考え自体はおそらく間違いではないでしょう。ただ現在のところ、ディープラーニングの強みは、これまでの人間の知識（先入観）を徹底的に捨てたところにアドバンテージがあるのです。「世界はこういうルールで成り立っている」「ある種のルールの体系で世界はできているはずだ」という前提をなしにして、データを真正面から見ようとするのがディープラーニングです。世界にある複雑なデータを複雑なまま直接説明できる方法論を、少し無理してもいいから作ろうとしているところが、現在のディープラーニングが成果を上げている理由なのです。

これまで人間の行ってきた研究、知識を中途半端にディープラーニングに入れるとパフォーマンスが落ちるのが普通です。これを解決していくのは今後の課題でしょうが、ディープラーニングについてまずきちんと理解し、そこで過去の知識がどうハンドリングされるべきかという問題を見直していく必要があると思います。

もちろん意識している人は多いでしょうが、実際にはなかなか簡単ではない課題だと思います。

AIが人間を本当に超えるという意味での「シンギュラリティー」は当分起きない

現在のディープラーニングは、確かに極めて大きな可能性を秘めています。

驚くような画像処理をするかもしれませんし、聞いただけでは人が作ったかどうかわからない優れた作曲をするかもしれません。将来はデザイン事務所に頼んだのと違和感のない、美しいロゴの製作やウェブデザインもするでしょう。

しかし、そこには明確な限界がたくさんあります。

例えば、よく言われることではありますが、現在のディープラーニングには論理的、記号的な処理を自ら生成することはできません。

記号的な処理という意味では、現在のRNNは非常に高い精度の翻訳を行うことができます。学習後、ネットワークの解析をすると、その内部に文法的な構造を自己組織化しています。しかし、その文法の存在にRNNが〝気づく〟ことはできません。

記号とは、現実の世界（時空間）と独立した一般性を持つ形式世界の体系なわけですが、ディープラーニングはむしろ、一回性、ここに現れた表現とまったく同じ表現はもう現れない、といった問題に強みを持つように感じています。

他には、自ら行動のゴールを決めることがない、ということもあるでしょう。現状では、設計者の意図に合わせて大次元のデータを識別する、予測する、生成する〝だけ〟です。これらはあくまで設計者が与えたゴールを満たす最適計算に過ぎません。自らのゴールを作り出す。例えば、いくら囲碁がうまくなっても、そこから将棋をやることはないわけです。

もっとシンプルに言うと、「人間にはなれない」ことだと思います。なる必要もないのかもしれないですが。

この意味で、長編小説は書けないはずです。長編映画もおそらく撮れないでしょう。カメラワークぐらいはいろんな材料を持ってきてよさそうな可能性の提案はできるかもしれませんが、ストーリーを組む、脚本を書くのは難しいと思います。なぜかというと、小説なり映画なりはその人間の人生をモディファイして語っているからです。人の実経験がもとになっています。

経験とは画像処理でも音声処理でもなく、自分の身体を通して世界と関わってきた時間、それに対する評価、思いなのです。データを大量に集めたからと言って、経験は獲得できません。少なくともテキストデータではだめでしょうし、画像や音声をバラバラに集めてそれらを並べてもダメでしょう。自分が世界に関わって、それが何をどう変えていくかといった発見をしないと経験は得られないはずです。ロボットは身体があるので、将来的には経験を獲得できるかもしれないと個人的には考えていますが、かなり先の話になるでしょうし、いろいろと難しい問題は残ると思います。

例えば、人間は生きている瞬間に「いつか死ぬ」と知っています。いま起こったことは、厳密にはこの先二度と起こらないと了解しています。そして、自分の人生の過去と未来へのイメージを常に持っていて、その中で現在の自分の行動を決めています。

そんなものをロボットにどう与えられるかという話です。その場その場で刹那的に子供と遊んでくれたり仕事をしてくれたりするロボットはすぐ作れると思います。しかし、私たちと本当の意味で語らうロボットを作ることはたぶん当分は無理です（いつかはできると思っていますが）。本当の意味でのコミュニケーションの相手は人間にしたいと思うはずです。

いま、対話相手となるＡＩロボットが流行っています。マイクロソフトのテイはナチス思想を礼賛して怒られたりしましたが、あれも対話システムとしてはたいへん優れたものです。ＲＮＮを利用しており、従来の人間が用意した解答例をキーワード検索で選択して答えていたものと比べると、非常に高度な応答をします。どんどん複雑な返事を生成していきます。しかし、しばらく話していると、その一貫性のなさに気づきます。

なぜかと言えば、学習データとして人間の会話を大量に入力しているわけなのですが、それらのデータの中で話している人は複数いるからです。ある時は電話での

テイ
ＡＩチャットボット。ツイッターでの実験中、ユーザーとの会話を通じて人種差別や性差別、暴力表現などを学習し、公開中止となった。

パソコントラブル対応の会話かもしれませんし、ある時は映画の中の登場人物かもしれません。だから、続けて話していると個性がないということがわかってしまう。個性がない人とは継続的には会話ができません。

会話の中で意外な返事をしてきた時に、「ああそんなことを考えているのか」というだけで終わるのではなく、コンテキストを切り替えて新たな理解が生まれるところに会話の面白さがあります。意外性のある発言にその人物の個性、コンテキストならそれが出てくるのもわかるという反応で、会話が継続します。

極端な例は漫才です。ボケて突っ込んでコンテキストを変え続けることで笑いに変えています。そのためには、相手がコンテキストを理解できるという前提が必要です。つまり、一貫性のある個性を持っていない相手に話はできないのです。

このように、「ＡＩが人間をあらゆる意味で超える」という意味でのシンギュラリティーは、当分は起こりません。部分的に機械の機能が人間を超えることは昔からたくさんありました。自動車が人間より速く走ったりとか、計算を速く行ったりなどいくらでも例を挙げられます。

ただ、人間にはなれません。だからディープラーニングの専門家たちの多くは、

シンギュラリティー
未来学者レイ・カーツワイルが提唱する「技術的特異点」。これまでの技術進化が無限大に加速し、人は生物的な進化を超えた知性を手に入れるとする。

シンギュラリティーについては語るのはいまのところ無駄だという意見だと思います。それはディープラーニングをやっていれば違う世界の問題だとわかっているからなのです。

第二章

ディープラーニングが知能ロボットを変えていく

ロボティクスとの出会い

「知能ロボティクス」という言葉を聞いたことがあるでしょうか。知能ロボティクスという言葉は知らなくても、なんとなく中身は想像できるのではないでしょうか。しかし、知能ロボティクスと第一章で説明したディープラーニング（深層学習）がどう結びつくのかは、あまりイメージできないかもしれません。そこで、知能ロボティクスについて説明する前に、20世紀の終わりから私が見てきた「ロボティクス＝ロボット工学」がどんな進歩を遂げてきたのかを、ＡＩ（人工知能）研究の歩みと対比しながら紹介しましょう。

私とロボティクスとの出会いは20数年前に遡ります。

私は高校卒業後、1年の浪人生活を経て、早稲田大学の理工学部に入学しました。祖父は早稲田大学の機械系の卒業です。私が生まれた時には亡くなっていたのですが、祖父の漠然とした影響からか機械工学系には興味を持っていました。親の希望で予備校の医学部コースに通っていた時、東京大学医学部の助手の方が倫理を教えてくれていて、その授業で聞いた人間についてのさまざまな話が面白かったことを覚えています。しかし、私は血を見るのが嫌いだったため、医者にはなりたくないと考えていました。いま思えば精神科医などの選択もあったのでしょうが、その時は思いも至らず、将来進むべき道を模索していました。

そんな時、予備校の校内雑誌でロボット学者の加藤一郎先生の対談を読みました。加藤先生がロボットは人間の内面、心を映すことができると語っているのを読んで、変わったことを言う人だなと思う半面、すごいことを考えるなと感心し、早稲田でロボットを勉強することに決めました。加藤先生はさらに、ロボットは人間の内面を映すだけでなく、ロボットそのものでも〝心〟を考えられると言いました。もちろん、その時はそれが自分の将来の研究テーマになるとは思ってもいませんでした。

当時の加藤研には、大阪万博に出品された電子オルガン演奏ロボットWABOT－2に憧れて入ってくる人が多くいました。ただ、入学前の私はそんなことは知らず、雑誌を読んで加藤先生の下で学びたいと思ったのでした。

加藤先生はもともと哲学を学びたかったそうですが、当時は哲学だと戦争で徴兵

WABOT
加藤一郎教授が中心となって1970年に開始した早稲田大学の人間型ロボット研究プロジェクト。2足歩行のWABOT1と楽器演奏のWABOT－2が発表されている。

WABOT-2は人間との会話、楽譜を認識した電子オルガンの演奏、人間の歌声に合わせた伴奏をする（早稲田大学次世代ロボット研究機構提供）

されてしまうため、理系に進学したと伺っています。ただし、人間というものには興味を持ち続けながらロボットを研究したそうです。当時はロボットが専門だと言うと、ＳＦの題材を研究しているように思われるという時代だったそうで、人工の手、人工の足、義手義足の研究と呼んでいました。

そういう中での加藤先生の関心は「工学的人間学」、つまり工学的にものを作って〝人間〟を研究することでした。私も最初に加藤先生から「ロボットの心」と言われた時は驚きましたが、考えてみれば現在の「認知ロボティクス」領域の先駆けでした。

昔、加藤研には30人くらいの学生がいて、グループ分けしないと研究室を運営できませんでした。そのため、ハンド班、アーム班、二足班、視覚班、皮膚班など、人間を構成する要素に応じて班に分けていました。その中で私が配属されたのは「神経班」でした。

まだ私が学部生だった時ですが、「〝神経〟って格好悪いのでブレイン何とか、脳科学何とかという班名にしませんか」と加藤先生に生意気にも進言したことがあります。これに対して先生は、「解剖学的理由だけで、脳を独立させて捉えてはいけない。その先につながる自律神経系、交感神経系、さらにその先の末梢神経まで含めた全体のシステムとして考えなくてはだめ」と諭されました。

脳を脳だけと捉えてはいけない。当時、身体性といった観念もロボット工学では語られていなかったわけですが、非常に深遠なコメントです。加藤先生はすごく多弁というわけではないのですが、一言一言が深く、あとから考え直さなければわからない言葉が多かったように思います。

私は加藤研配属直後に、ニューラルネットワークを知りました。甘利俊一先生の本を読んで非常に面白いと思いました。本にはロボットへの応用についてはあまり書かれていませんでしたが、その研究をしてみようと思いました。

加藤先生にニューラルネットワークとロボットを研究したいと学部三年生の時に話したところ、「では君はロボットの心をやりなさい」と言われました。最初は何を言っているのだろうと戸惑いましたが、要はそういう組み合わせでロボットの知能を考えていくことは、〝人間の心〟を考えていくことにもなるという意味だったのです。

当時の加藤先生の心についての考え方には二つの基準がありました。一つはその主体が自己保存の法則に基づいて動いているかどうかです。つまり、私たちが相手に対して感情移入できるかどうかは、その対象が生き残ろうとしている、種の保存をしようとしているかどうかを判断できた時です。判断できた時には感情移入が可能なのです。もう一つはその対象に行動の複雑性があり、その対象がそれを多様な手段で実現できるかどうかというものです。

こうした考え方に触れ、学部四年生の時にひたすら図書館で読んだのが心理学、ニューラルネットワーク、脳科学の本でした。特に、加藤先生が重視したのが自律神経系と内分泌系です。自分の外部を見るだけでなく、自らの身体も知覚し、なおかつコントロールするメカニズムが自己保存を実現します。加藤先生はそれをロボットにも適用し、ロボットにも自らの知覚と自己保存を意識させることが重要と考えました。

いまでこそロボットはバッテリーチェックも自らやりますが、当時はすべて電気コードがつながっていました。加藤先生の考えるロボットとは、ロボット自身がバッテリーの残量、回路の電流や温度、モーターの温度などハードウェアの負荷データをすべてセンシングし、自らの状態改善に向かうような行動選択を学習していくものでした。

いまでも納得できる部分は多いのですが、自己保存は少し限定しすぎかもしれません。「自己拡張」と言うべきではないかと思っています。つまり自分が行動できる、コントロールできる、予測できる範囲を広げていくという方が、自己保存を体現するためにも効果的だということです。

しかし、そうした議論をする前に、加藤先生が突然他界されてしまいました。私が修士二年の時です。その後、私は加藤先生と共同で研究されていた菅野重樹研究室に移りました。

菅野研に移ってからは心という未解明な対象を直接扱うのではなく、人は接する対象に心があると認めるのはどのような時なのか、そこに立ち返り、人間とコミュニケーションが可能、もしくはコミュニケーションしたと思えるロボットについて考えるようになりました。完全な〝個〟やある種の〝意思〟が認められるようなロボット。本当に意思があればベストですが、なくても人間にはあるように勘違いさせるものも研究対象となります。これからのロボットにはそれを実現する機構が必要であり、それを考えていくことが将来のロボティクスを形成することになると考えました。

ロボットは工場で動く機械だけではなく、そこに個を認めて人が相互作用していく存在になる。その前提となるコミュニケーションに研究を大きくシフトさせました。いまではヒューマンロボットインタラクション（ＨＲＩ）という、極めて重要な研究分野となっていますが、当時、この私の研究はかなり異端でした。周囲からは「人間とロボットがコミュニケーションしてどうするの？」「ロボットはただの道具なのだからコマンド通りに動けばいい」と言われました。道具に感情など表されても困るという意見です。

しかし、ロボットという主体があり、その主体が自己に対する判断を行い、その判断に基づく評価に従って自己の行動を変化させる。それが今後のロボットにとって重要なことであり、それを人間が感情と認知していく問題を扱うことは非常に重要なのです。

ハードウェアだけでなくロボットの知能を研究する

1997年にソニーからアイボ（AIBO）というペットロボットが発売されて、ロボットは単なる道具だと考えていた世間の様子ががらりと変わりました。アイボがネット販売で20分で1000台売り切れた時、私は当時取り組んでいたロボットとのコミュニケーションの研究で学位が取れそうだと安心しました。そして、本田技研工業（ホンダ）のアシモが発表されるとロボットに対する世の中の期待がさらに大きくなり、従来とまったく異なるものに変わっていきました。

この20年間のロボット開発の変化について、かつてイギリスの研究者たちと小さいワークショップで議論したことがあります。その変化のポイントは、モジュール化とヒューマンインタラクションが確立されたこと、という結論でした。一つひとつの部品を設計しながらロボットを作るのではなく、モジュールを組み立ててロボットを作製できるようになったこと、人間とコミュニケーションし、インタラクションすることが研究テーマとして認められるようになったこと、これらはドラスティックな変化です。

それと並行して、ハードウェアも急激に進歩しました。バッテリーが大容量化し、コンピュータ処理が高速化したことで、2足歩行をはじめとする運動制御のアルゴリズムが急激に進展しました。ロボットブームでソニーやホンダなどの企業が非常に完成度の高いハードを提示し始め、当時の展示会ではアイボやアシモが完成度の高いパフォーマンスを見せて観衆の関心を集めていました。私はこうした流れを見ながら、あらためてハードウェアだけではなくロボットの中身、つまりロボットの知能をもう一度しっかり考えなくてはならないと思っていました。

そして、私は理化学研究所脳科学総合研究センターに籍を移しました。ニューラルネットワークの研究はあいかわらず続けていましたが、そこで出会ったのが、現在KAIST（韓国科学技術院）の谷淳教授です。当時、谷教授が取り組んでいた、RNN（リカレントニューラルネットワーク）のモデルを使って人間の認知プロセスの側面を理解するという研究に大きなインパクトを受けました。

理化学研究所に2年間在籍したあと、京都大学大学院情報学研究科に移りました。そこでは音声メディアが研究テーマでしたが、ロボットとニューラルネットワークの研究も継続していました。京大の奥乃博先生がロボット聴覚を軸として、人間とロボットのコミュニケーションの研究を本格的に進める中で、私はロボットが言語などをうまく使えるようになるか、人間が発達過程で音声をどうやって獲得していくかなどを約9年間研究しました。

このように私はこの20年間、ロボットとニューラルネットワークを並行して研究

2000年に誕生したアシモ。社会が抱くロボットへの期待感を大きく変えた（日刊工業新聞社提供）

し、それを組み合わせるという新しいチャレンジをしてきました。こうした流れを踏まえた上で、以降では知能ロボティクスについて説明していきます。

知能ロボティクスとは何だろうか

これまで知能ロボティクスを厳密に定義した人はいないと思います。Ｉｎｔｅｌｌｉｇｅｎｔ Ｒｏｂｏｔという英語にも正確な定義がないため、誰もが自分の都合に合わせて便利に使っている状況です。そこで、まずロボット自体の定義です。日本工業規格（ＪＩＳ）などでは、移動もしくはマニピュレーション（物体の操作）でき、プログラムによってコントロール可能という、いわゆる産業用ロボットとして定義されています。プログラムで動けることから、「知能ロボット」と呼ばれることもあります。

ただ多くの人は「知能」という言葉がつく限りは、ただ固定された手順通りに動くだけでは不十分と思うでしょう。そこには感覚に基づいたロボット自身の判断が必要であり、その判断に基づく行動計画（プランニング）も必要になる。それこそ人びとが考える知能ロボットの定義ではないでしょうか。

よって知能ロボティクスとは、こうした「知的なロボットを作るための学術体系」という意味になります。技術よりもさらに広い方法論の体系を指します。

この意味での知能ロボティクスはすでに存在しているのですが、まだまだ多くの問題を残しています。成果は上がっているが、完成した体系と呼ぶにはまだ問題が多く残っています。すでに完成しているのなら、私の研究室にも知能ロボットがたくさんいることでしょう。

世界初の人間型ロボット、WABOT-1。人間との簡単な会話、物体の把握・移動などが可能（早稲田大学次世代ロボット研究機構提供）

知能ロボティクスの前提として、ロボットの知能をどう考えるかという問題があります。もともとロボットは知的でなければいけないはずです。早稲田大学では1964年に

1964年、早稲田大学が初めて開発したロボットハンド「WH-1」
（早稲田大学次世代ロボット研究機構提供）

世界初のロボットハンドWH－1を開発し、1970年代前半に世界で初めて人間型ロボットWABOT－1を発表しています。そのプロジェクトの中心を担った加藤先生は、ロボットはあくまでも人間を意識した機械であると考えていたようです。

その後、70～80年代に産業用ロボットが一般的になり、それと並行して4足ロボットや蛇型ロボットなどの研究が次々と現れてきました。ただ、加藤先生にとってロボットとは、あくまでも究極の姿は人間をイメージし、人間のような知能を持っているものと捉えられていました。

あえて「ヒューマノイド」と呼ぶ

ロボットという言葉がさまざまな形状のロボットを表すようになると、加藤先生は90年代から「ヒューマノイド」という言葉を使うようになりました。同じ時期にマサチューセッツ工科大学（ＭＩＴ）でもヒューマノイドの研究が始まっています。その後、ホンダが2足歩行ロボットを発表し、東京大学も人間型ロボットの開発を始めました。まさに、２０００年代初頭はヒューマノイドロボットブームの始まりでした。

このブームもロボットの〝知能〟という観点からはまだまだ不足した状態であり、どちらかというと2足歩行ロボットのブームでした。器用に歩き、階段を上り、ダンスをしました。転んでも自力で起きるロボットもいました。しかし、人のように流暢にしゃべれるわけでも、多様な物体が見えるわけでもありません。さらに、複雑な環境で動けるわけでもなかったのです。

一つの象徴的な例がＤＡＲＰＡのロボティクス・チャレンジです。災害現場を想

DARPA
アメリカ国防総省の機関、国防高等研究計画局の略称。軍事利用技術の研究開発を行う。前身のＡＲＰＡはインターネットの原型となるＡＲＰＡＮＥＴを開発した。

定したさまざまなタスクの克服について、人間型ロボットが競い合う競技会です。この競技会に対して、ある人がロボティクス・チャレンジでロボットが倒れるシーンばかりを集めた動画を作成しました。それほどに難しい競技です。

ロボティクス・チャレンジでは人がロボットを操縦しますが、さまざまな動作をさせながらロボットを動かします。例えば、ロボットの手でハンドルを回す動作をさせるにも、まず首を回して頭部のカメラで周囲をキャプチャし、その動作を経てから次の動作に移るように操縦します。

また、競技会場では通信が断続的に切れてしまうため、1回確認した対象物をロボットでつかみに行こうとしても、その手が外れたり、力を込める作業だと重心がずれたりしてバランスを崩し、ロボットが倒れてしまいます。ロボットに複雑な環境の理解や感覚による制御を求めるのは、非常に大変なことなのです。

知能ロボットの3要素

一般に、ロボットに知能を持たせるためには三つの要素を満たす必要があります。

・環境を正確にセンシングできるか
・センサーで取得したデータからノイズを除去して、人の作った3Dなどを利用した環境モデルと重ね合わせられるか
・重ね合わせたあと、モデルの中でプランニングし、その動きをモーターに伝え、倒れないようにチューニングしながら実行できるか

ロボット研究者の多くはセンシングから運動制御までを「知能」と呼びますが、従来の伝統的なAI研究者の考えは少し違うようです。AI研究者の考える「知能」とは探索・推論です。

この世界では、ゴールを目指す最適なパスを探すことは知能と呼びますが、例えばセンサーによる情報取得などは知能と呼びません。彼らにとってそれは与えられるべき情報であり、さらにはノイズを除去してからデータを提供して欲しいとさえ思うでしょう。また、運動の生成はロボット側の問題なのだから、運動制御の最適

パスは提供するからあとはロボット側でやってくださいと言うでしょう。そのように、従来のＡＩ研究者は知識と推論にフォーカスするため、センシング・認識、運動制御は知能とは別問題と考えます。

一方、ロボット研究者はセンシング・認識と運動制御を含めて知能と呼ぶことが多いように思います。実際、ロボット研究の専門としてロボットビジョン、ロボット聴覚、ロボット触覚、動作プランニング、制御などの研究対象があり、ロボット学会でもそれらのテーマが別々に議論されています。

そうしたロボット研究者とＡＩ研究者の知能についての認識の違いはありますが、前述の3要素を満たすものが80年代まで知能ロボットと思われていました。

しかし、90年代の初頭に疑義を訴える人が現れました。ＭＩＴメディアラボの元所長だったロドニー・ブルックス氏です。彼は「動物は本当にそんなことをやっているのか」と当時の知能ロボットに対する認識に疑問を呈しました。ブルックス氏はその後、ロボット掃除機のルンバを製造販売するｉＲｏｂｏｔ社を設立します。

確かにブルックス氏が疑問に思ったように、はたして動物はロボットが行ってい

ロドニー・ブルックス
生物研究をロボットに応用。多数の単純な振る舞いモジュールで複雑な知的振る舞いを行うサブサンプションアーキテクチャを提唱。現在、ＭＩＴコンピュータ科学・人工知能研究所の所長を務める。

るような難しい認識や推論を行っているのでしょうか。彼の有名な論文に『象はチェスをしない』があります。象は環境に対してとてもうまく適応して動くけれど、彼らはおそらくチェスの駒にキングやポーンといったシンボルとしての役割を与えるようなことはしていないし、最適プランニングなどしていないだろうと言うのです。

ブルックス氏はゲンギスという6本足のロボットを作りましたが、それは足のセンシングに反応したモーターが勝手に作動し、6本の足を共同させて動きます。歩かせている時にわずかな段差があっても、前足の着地が少し早くなるという動きに対応して他の足も勝手に動き、その結果、段差を乗り越えていけます。この理論を応用して成功した商品がルンバです。

80年代に日本の電機メーカーが作っていた掃除ロボットは、ブルックス氏が否定したような動き方をしていました。つまり、すべての環境をセンシングし、障害物がどこにあるのか、部屋の形はどうなっているのかを把握し、人間があらかじめ入力しておいた部屋のデータ（2Dマップ）と比較して、自分がいまどこにいるのか、どちらを向いているかを判断したあと、床面をすべて通り過ぎるための最短経

ルンバは家具にぶつかりながらも動き続けることで、
部屋全体の掃除を可能にした（日刊工業新聞社提供）

路を計算してから掃除を実行します。そのため、部屋が少し変わると計算をやり直さなければなりませんが、それ以前に計算するためには部屋が変化したことを検知しなくてはなりません。

つまり、センシング機能やプランニング生成機能、制御機能のどれかが作動しないような状況に陥ると、掃除ロボットの全体が瓦解するシステムだったのです。これらの掃除ロボットは一つひとつの機能を実現させるために高いコストがかかり、商品として非常に高価なものになってしまいました。

ところが、ブルックス氏がルンバに行わせたのは、ぶつかりながらランダムに動き回ることでした。これで、一定時間走行できるバッテリーさえ搭載できれば、部屋全体を掃除できるようになります。

ある日本の技術者は「まさか、（ロボット掃除機が）家具にぶつかっていいとは思わなかった」ともらしました。日本人はまじめだからロボットはぶつかってはいけないと考え、無駄な動きをさせていいという発想もありません。しかし、生物をよく見てみると、そんなに器用にプランニングして動いているものはほとんどいませんし、昆虫などはごく単純な反射機能だけを組み合わせて非常にうまく行動しているのです。

ロボット工学の二つの考え方

ルンバのようなロボットの方法論を「ビヘイビア（行動規範型）ロボティクス」と言います。それに対して、いまも続く伝統的なロボティクスを「モデルベース」と言います。モデルベースは、ロボットの動く世界を人間がプログラムとして書いておき、その世界に適した動きをロボットにさせようという発想です。

しかし、ブルックス氏はそもそも世界のモデル自体が必要なのかという疑問を提起したのです。つまり、人間が与えるモデルこそ、ロボットの動きを邪魔しているのではないか。ロボットの身体（ハードウェア）と周辺環境との相互作用をもっと重視すべきで、その相互作用さえうまくできれば目的のゴールに自動でたどり着ける。そう彼は主張したのです。

当時のＡＩ研究者からすれば、これはなかなか受け入れがたい思想です。知識や推論は不要だとブルックス氏は看破したのです。確かにそれは言いすぎですが、彼はわざとそのように発言することで、ＡＩ研究者たちを挑発したのかもしれません。

彼の主張は当時ロボット研究者にとって大きなインパクトを与えました。足を協調させるのがどれだけ難しいかわからない6足ロボットが、センサーと配線をつなぐだけで動いてしまったのですから。しかし、ブルックス氏のロボットには設計論がないのでどうして動くのかも理解できません。どんなセンサーとモーターをつなげばうまく動くのかがわからないのです。

モデルベースの場合は、ロボットが動く世界をすべて人間が理解し、その世界の中でロボットを動かそうとしているので設計論は決まっており、やらなければならないことも自明です。ところが、ビヘイビアベースの場合、ロボットを動かしたらうまい具合に動いてしまい、なぜこれで動いてしまったのかはあとから考えようというケースが起こってきます。モデルベースのように設計論がないので、ビルド→テスト→スクラップ→ビルドをひたすら繰り返しながらロボットを作っていきます。そうした開発方法に彼は〝進化する〟という言葉を使いました。

まず、ロボットを作って動かし、それを観察してどの配線が足りないのか推測しながら順に配線を加えていきます。例えば、よく動く神経のような配線回路は残し、そこに新しい動きをもたらす回路を加えていくのです。実際、生物の進化とはそのような過程を経るわけですから、それを真似してロボットをデザインするのだとブルックス氏は主張したのです。

ルンバにはこの方法が使われていますが、設計の難しさもあり、ブルックス氏のロボットでもそれほど多くのロボットには使われていません。一般的には人間がきれいにプログラミングした伝統的なロボットが主流です。

このビヘイビアベースのような流れは、ＡＩについても当てはまるように思います。ＡＩの研究では、これまで推論などのルールをすべて人間が書きました。私たちの考える〝思考〟とは、ルールあるいはフレームである程度記述可能だとされてきました。こうすればこうなる、これはこれに属するといったいくつかのルールがあり、それらの関係性をすべて記述すれば問題の多くをコンピュータに解かせることができると考えたのです。

しかし、そうしたＡＩ研究の流れがディープラーニングによってひっくり返されようとしています。「人間は自らの知識のすべてを書きされるのだろうか。それは傲慢ではないだろうか」という疑問が呈されたのです。

ブルックス氏のロボットを再現する設計論を構築することは困難ですが、ディープラーニングはデータさえ与えれば同様の動きを実行できます。しかも、ディープラーニングはモデルを持っていないわけではなくて、人間がモデルを与えていないだけであり、ネットワークの中でデータをもとに勝手にモデルを作り出すシステムなのです。

人間が世界をすべて理解しているのなら、人間はすべてのプログラムの記述が可能です。しかし、実際の世界は、人間の頭の中だけにある世界と同じではありません。ロボットの身体が環境と相互作用し、ネットワークのデータと相互作用することによってロボットの世界はそこから勝手に作られていくのです。つまり、ロボットの世界のすべてを人間は書けるものではないという考え方です。そういう点でも、ロボティクスとディープラーニングをめぐる状況はよく似ているのです。

センシングから運動へ直接つなげるディープラーニング

一般的にディープラーニングは認識機能に強いと言われますが、知能ロボティクスに応用しようとすれば、認識だけでなくノイズ除去や動作生成など多機能に使えます。

まず、認識での応用はロボットビジョン（認識機能）です。さらに、ロボットビジョンで取得したデータのノイズ除去にも、ディープラーニングは有効です。現在のところ、ディープラーニングの応用研究は画像認識とノイズ除去が大多数で、ロボット研究者も主にこの用途に利用しています。

しかし、ロボットのセンシングと動作生成は簡単には分離できないものです。センシングから動作生成のつながり方にはある種の必然性があり、統合した視点が必要です。

私は「エンドトゥーエンド」と言われる考え方、つまり手に入れられるデータから直接手に入れたい出力を得る方法をロボットに利用することを考えています。つまり、センシングから運動をダイレクトに導き出す方法になります。

エンドトゥーエンドをロボットで実現するには、ロボットの運動の結果を次のセンシングと運動に反映させなければいけません。そのために、ロボット自身が学習することが重要になります。自分の次の行動をプランニング（短期の未来予測）することまで含めた学習です。これにディープラーニングの手法を利用するのです。

虫がやっているような単純な反射機能に、ロボットをどう近づけるか。それが最初のステップです。生物は自らに適した環境の中で生きています。それは産業用ロボットが動く世界とは比べものにならないほど複雑な環境です。しかも、そこで生き残って子孫まで残します。それをロボットが行えるようになるか。そこへ向かうことが知能を考えることだと私は思います。そのためにも、相互作用の積み重ねによる経験が行動にどう反映されるのかを、ディープラーニングに代表される神経回

エンドトゥーエンド
入力から出力までの間に、中間表現や中間目標なく直接つなぐ方式。

路モデルで研究しています。

人間の臨機応変さを継ぐディープラーニング

人間は歴史的に数々の法則を見出しては、それを破ることを繰り返してきました。マニュアルにはすべてが書かれてあるかもしれませんが、人間は時としてマニュアルには従わず、場面に応じた臨機応変な対応をします。マニュアルを作るのも知能ではありますが、法則には縛られない臨機応変な対応を生み出すものも、〝知能〟だと思います。

そうであるならば、ロボットも臨機応変に動いているように見えなければなりません。解答すべきこと、行動すべきことがわからない時に止まってしまうのではなく、「ごまかす」といった器用さ、臨機応変さが必要なのです。

画像処理における現在のディープラーニングのものの見方は、人間のそれとは少し異なります。例えば、机の上にノートパソコンがあるとして、それをコンピュータと認識するか、キーボードと認識するか、あるいは動いているソフトウェアと認識するかと問われた場合、そのどの認識も正解であると思えます。これまでの確率分布モデルだと三つの認識はどれも正解で、それぞれに確率が付与されます。しかし、それでは行動の条件が加わった場合の認識結果とすることができません。

行為主体、誰がそれを見ているのか、が本質なのです。私がいま、机上のノートパソコンを持ち帰ろうとしているなら、それはコンピュータであり、何かを入力しようとしているのであればキーボードであり、表示されたものを読もうとしているのならソフトウェアなのです。つまり、私がそのものに対してどのような行動の可能性を見出しているかによって、ものに対する認識を決めるべきなのです。

しかし、ディープラーニングはもともとそのような概念を持ちません。人間が与えていないからです。ディープラーニングは画像に与えられた複数のラベルをそのまま解答します。

ディープラーニングが2015年に人間の画像認識能力を超えたと言われた時の層数は155くらいでした。一方、人間の脳は5層くらいしかないわけですから、明らかにディープラーニングは人間の脳とは違う方法で問題を解いていることになります。ディープラーニングに比べてニューラルネットワークの層数が圧倒的に少

確率分布モデル
確率的に変動する現象を説明するための分布をモデル化したもの。二項分布やポアソン分布など。

ない人間の脳ですが、再帰結合を持ったRNNであり、自分がどういう行動をしたいかという視点で複数の他の感覚器と相互作用をしながら、対象物を認識します。人間には複数の感覚器があり、視覚でものを見ながら聴覚で音も聞き、手などの触覚で触感も得られます。つまり、すべての感覚（モダリティ）から得られる行為の可能性から対象物を見ているわけです。

しかし、そのような見方はディープラーニングにはありません。複数の感覚を統合する能力を利用していないため、視覚（画像データ）だけですべてを判断しなければならず、そのため膨大な画像データと大量のニューロンが必要になるのです。

よく「ディープラーニングをだます」という話があります。ほとんど同じように見える画像にわずかな、しかし非常に特殊なノイズをかけることで、ディープラーニングがまったく違う画像と判別させてしまうような例です。その現象は、ディープラーニングが視覚だけで判断しようとするから起きるわけです。人間はそのような間違いはしないわけですが、それは画像データの背景にある行為の可能性を考えているからです。画像データ〝だけ〟で判断しなければならないからディープラーニングはすぐにだまされてしまうのです。

人間はさまざまな判断をする上で、常に自らの身体をベースにイメージをしています。そういう意味からも、ディープラーニングにも身体を与えれば、そのような認知機能を与えれば、人間に近い判断が可能になるのではないでしょうか、というイメージが生まれてきます。ディープラーニングにロボットという身体を与え、複数の感覚を統合すれば、その相互作用によって新たな判断が可能になると考えたのです。

ディープラーニングでロボットの感覚と行動をつなげる

ディープラーニングをロボットに応用する研究として私たちが最初に2012年に取り組んだのは、感覚と運動の統合学習です。取り扱う対象によって行動を変えることをロボットに学習させました。

人間は、鉛筆なら書き、包丁なら切り、傘なら差すというように、対象となるものの違いに応じて行動を選択します。そこで、動作の対象としてベルやボールを与えました。「ベルを左手で叩く」「ベルを右手で叩く」「ボールを持ち上げる」「ボールを両手の間で転がす」など腕による六つの運動（関節角度情報）をダイレクトティーチングでロボットに教え、内蔵カメラから入力した画像情報とともにディープラーニングで学習させました。それにより、運動から映像を思い浮かべること、映像から運動を思い浮かべることが内部プログラムにより可能となりました。カメラをオフにしても、腕の動きに合わせた映像がロボットの内部で生成されます。こうして、画像と運動のマルチモーダル統合を一歩進めたわけです。

私たちの研究では、運動の計算のもとになる逆運動学も関節角度のモデルは一切与えていません。すべてディープラーニングだけで学習させています。これは感覚と運動の関係を学習させることと、ロボット自身の身体の構造を学習させることは同時に行うことができる。また、同時に行うことが重要だという考えに基づいています。

もちろん、人間が行動を判断するために利用しているのは視覚だけではありません。聴覚や触覚、嗅覚などの情報を適切に使い分けたり、または統合したりして利用しています。例えば、道を歩いている時も前方を見ているだけではなく、後ろから来る自動車のエンジン音などにも気を配っています。

マルチモーダル統合
複数の感覚や運動などを連携・統合させること。

このように、ロボットの判断と運動をより高度にするためには、マルチモーダルの情報を統合していく必要があるのです。

そこで次の研究段階として、ベルを鳴らす実験で用いたロボットの関節角度と視覚に加えて、音も組み込んでみました。3色の六つのベルを鳴らすという命令をロボットに与えて学習させます。また、ベルは色によって音の周波数が異なるので、その音の違いも同時に学習します。ロボットの内部ではディープラーニングによって複数の感覚が関連づけられたモデルが作成され、ベルの音だけからベルの色を連想し、映像化することが可能になりました。

ディープラーニングによって、こうした複数の感覚を統合して判断と行動ができるロボットが可能となります。その研究を進めていけば、将来的には人間から音声命令を受け取り、視覚情報で状況を判断しながら、適切に命令を遂行できるようになっていくでしょう。

次に取り組んだのは、言葉による命令とロボットカメラによる画像からロボットが自ら判断して適切に行動するというものです。人間同士であれば、「長い方のパイプを取って」と頼めば、すぐにその意味を理解して渡してくれます。ロボットに

指定された命令通りにベルを叩く

もこうした判断と行動が可能になれば、人間との共同作業の可能性が大きく広がります。そのためにも、ロボットが時々に変化する命令を理解し、現場の状況も見て把握した上で命令を実行するようにハンドを動作させなくてはいけません。

そこで、言葉による命令を実行する実験をしました。実験では、ロボットの周囲に赤、緑、青の3色のベルを配置しました。そして、そのベルに対する動作として「指さす」と「叩く」の2種類を設定し、さらにその動作を「すばやく行う」か「ゆっくり行う」か、を命令することにしました。つまり、与える命令は「赤を、すばやく、叩け」など三つの言葉から形成しました。

ここでの最大の問題は、与えられる文章の〝多義性〟です。

例えば、「赤のベルを叩け」と言われたとします。この時、ロボットは赤のベルがどこにあるのかによって動作を変える必要があります。二つ以上赤いベルがあったら片方を叩くのか、両方を叩くのか決めなければなりません。赤いベルがなければ、この命令は無視しなければいけないのです。こんな簡単な文章ですが、ベルの配置やロボットの状態によって、与えられる文章の意味の可能性は大幅に広がります。この場合は、言葉による考えうる命令のパターンは144種類もあります。今後、複雑な問題設定になった時、この解釈の多義性をすべて事前に予測してロボットに教えておくことはほとんど不可能です。学習を通して、未知状況の意味を推定する必要があるのです。

ロボットは最初待機状態にありますが、三つの言葉の命令を受けると動作を始めます。まず、内蔵カメラで撮影した画像、そして言語を、前述したリカレントニューラルネットワークで構成したモデルに入力すると、ロボットは入力された言語に対応した腕の動きを生成します。この場合も逆運動学などのモデルは与えていません。先にも述べた144のパターンの内、半数だけをロボットに学習させたと

多義性
ある対象が複数の意味や解釈で取り扱われること。

ころ、残りの未学習の命令に対しても適切に動作できるようになりました。

この実験で、ロボットは見えている状況（画像）、与えられた言葉（言語）、そこから創り出される自分の行動（関節角度系列）を、たった一つのリカレントニューラルネットワークで統合して生成し、学習していない新しい状況も解釈できるようになりました。このロボットは、人が命令文をプログラムするまで待機状態でいられますが、そうした機能もすべてリカレントニューラルネットワークに入っているのです。

この実験の研究は、NIPSという世界最大の機械学習の会議でデモンストレーション発表しました。この会議はAAAI（アメリカ人工知能学会）と並ぶ規模の会議です。

2016年の参加者は6000人でした。ICRAというロボットのトップ会議が2017年で3000人だったので（これでも相当な人数ではありますが）、その2倍の人が集まったことになります。ポスター発表が多いため、発表件数自体も多いのですが、日本人の発表は非常に少ない状況でした。グーグル・ディープマインドやマイクロソフトの研究者も参加します。「このロボットは、入力された命令

グーグル・ディープマインド
イギリスのAI企業。2010年にディープマインドテクノロジーズとして起業し、2014年にグーグルに買収されて現社名に改称。

の多義性を理解して条件によってベルの叩き方を変えることができる」と説明すると、多くの参加者が興味を持ってくれました。こうした研究も、これからどんどん進めていきたいと考えています。

タオルを畳むロボット

いま、産業技術総合研究所に設置された人工知能研究センターで行っているのは、ディープラーニングによる行動学習で、その一例として机の上に置いたタオルをロボットに畳ませています。これもセンシングから行動までをエンドトゥーエンドでつないでいます。

従来のロボットは、作業する環境と対象のモデル（例えば3Dモデル）が構成されていないと動けませんでした。このモデルを記述する際に難しい対象の一つが、タオルのように変形する箇所が無限にある柔らかいものです。通常はいくつかに分割するなどしてモデリングするのですが、どう変形するかは予想しづらい。ロボットは視覚で見ながらタオルがどういう位置にあって、どういう曲がり方をしている

産業技術総合研究所人工知能研究センター
国内外の大学、企業、公的機関と連携して、実社会のサービスから得られる大規模データを活用しながら、先進的なAIの研究開発を推進している。

3Dモデル
現実空間や物体を3次元の仮想世界に数値化して表現したもの。

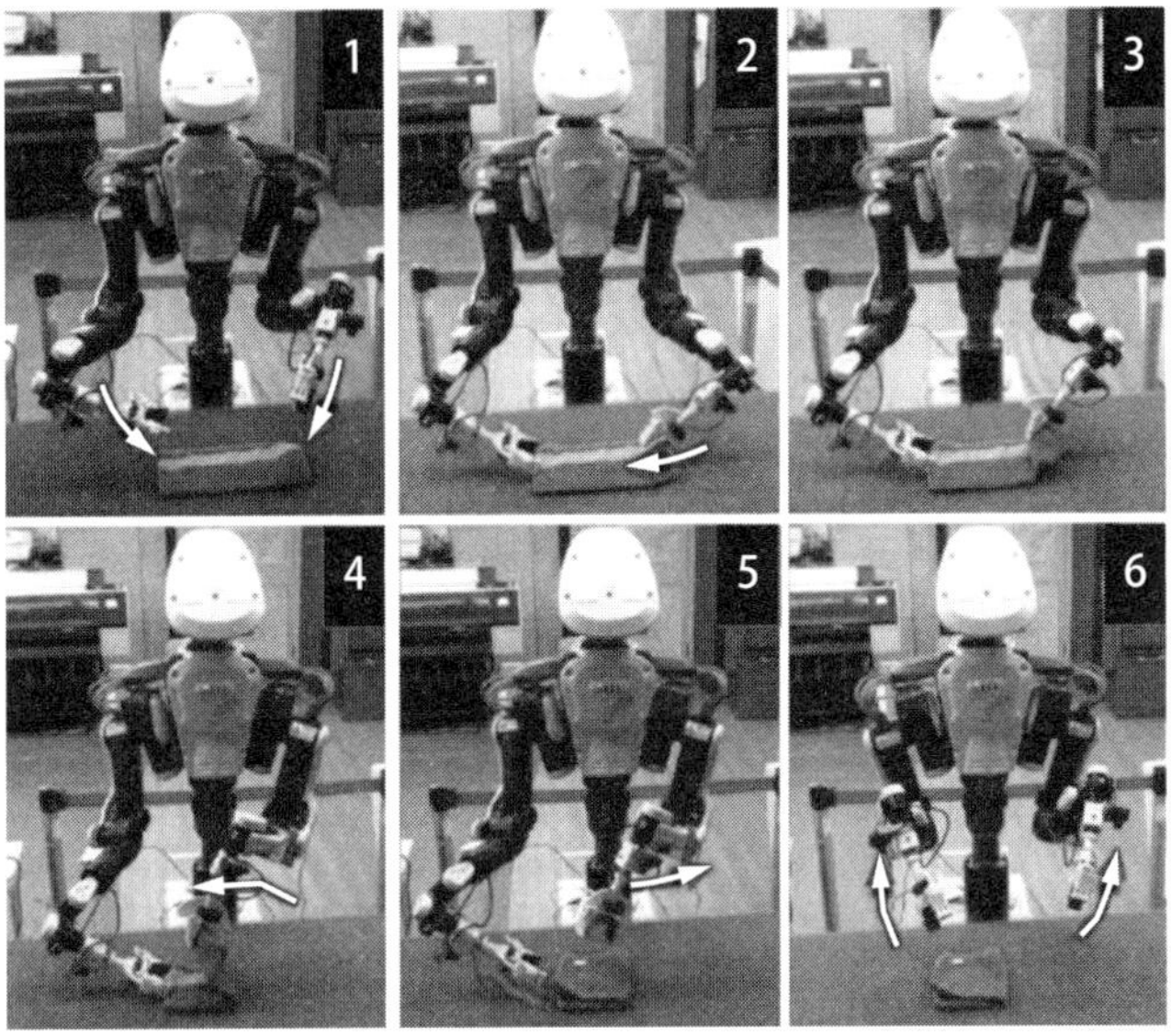

机に置かれたタオルを畳むロボット。ディープラーニングによって未学習な位置にあるタオルでも畳むことが可能

のかを判断してから動き出します。画像情報が数万次元になるため、かなり計算に時間を必要とします。そして動き出したら、あとは通常は何も見ません。以前に視覚で捉えた位置にタオルがあるものとして行動します。

　私たちの方法では、この問題をディープラーニングで克服しようとしました。最初は人間がヘッドマウントディプレイに映したロボット頭部カメラで取得した映像を見て、3Dマウスを使って折り畳む動作を教師データとしてロボットに直接教えます。人間のティーチングには平均で70秒もかかるのですが、学習したあとのロボットは約10秒程度でタオルを畳みます。この手法でも逆運動学は利用していません。

机に別のタオルを置いても畳めます。本を開いて置いても折り畳みます。何も置いていないと机を折り畳もうとします。ロボットは机をこするようにしてタオルを取りにいくのですが、通常のロボットではこうした動きは設計者が与えません。対象物以外に触れるため例外的な動きも起こりやすいし、ハンドも傷つきやすくなるためです。しかし、こするようにしないと不定形なタオルを取りにいけません。人間が操作すればそれは当たり前の動きですが、通常のロボットの動きとしては避けられていたのです。つかみにいく時のアプローチも一定の角度を指定しているのではなく、さまざまな方向からハンドを伸ばします。

先に述べた通り、ロボットの動作する世界は人間がデザインした通りの世界だという観点から構成されているロボットでは、タオルのような不定形なものはかなり扱いづらいのです。しかし、経験をベースにして作業をディープラーニングで一般

逆運動学
ロボットハンドのエンドポイントや動作から、それぞれの関節の位置や角度を求めること。

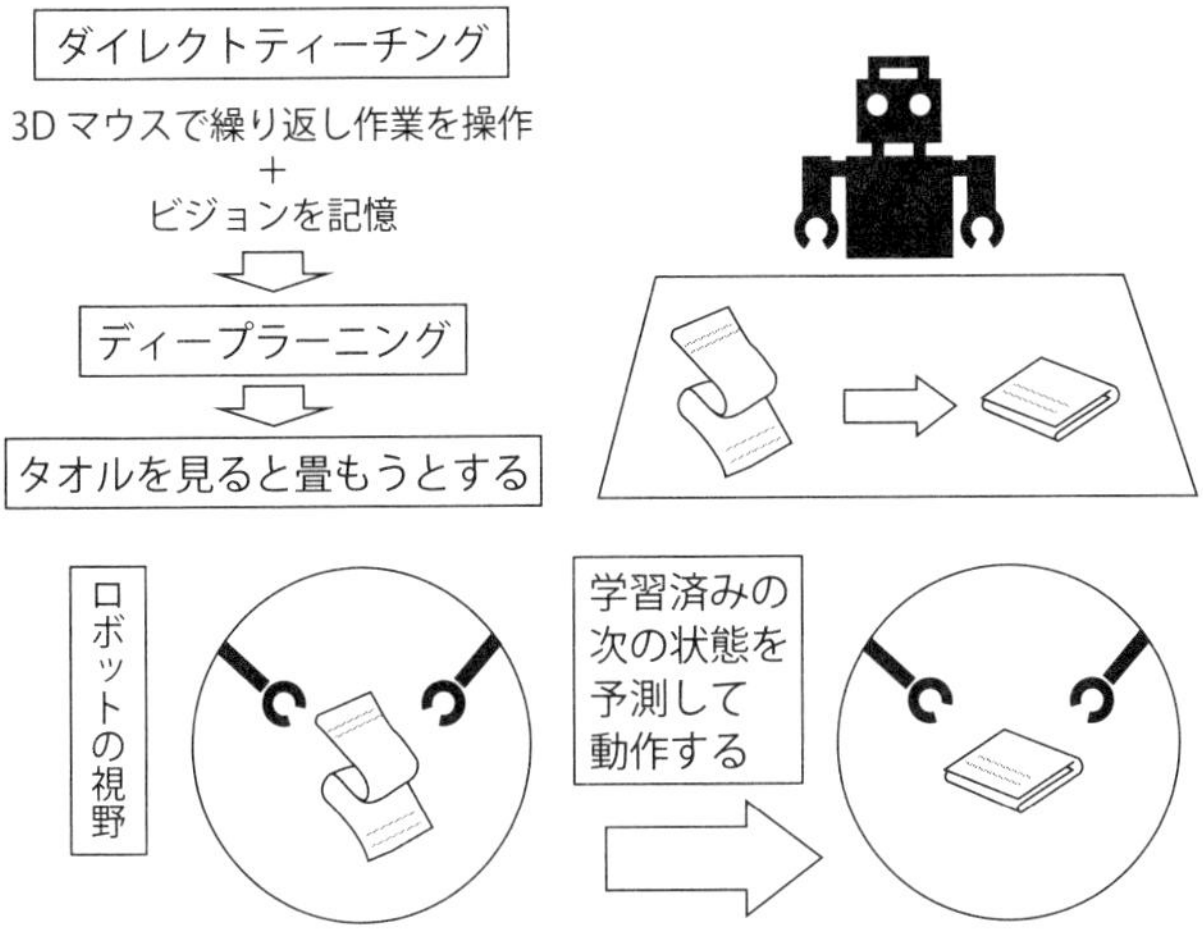

ダイレクトティーチングによるロボットがタオルを畳む仕組み

化してやれば、ロボットは知らない状況にも対処できるようになります。

　また、ハードウェアの重要な特徴としては、ロボットの手首を少し改良して、バネで柔らかな動きが可能なユニットにしています。

　従来のロボットはスピードと精度、再現性が重視されるので動きが非常に硬いですが、そのかわりミリメートルよりはるかに小さい精度で正確に動けます。

　しかし、ディープラーニングによって学習したロボットは見て確認しながら動くため、そのようにスピーディーな動きや位置精度はほとんど期待できません。ただ、人が途中でタオルの位置を変えると慌てて動きを変えるといったように相互作用にも対応できて、ある意味動物のように動きます。

ダイレクトティーチングの時には、ロボットは自分の腕の動きとそれによって見える世界がどう変わったかを覚えています。このため、腕の動きと見えている世界との両方ともデータとしてまとめるように学習します。そのため、このロボットにとっては自らの腕がカメラの視野に映っていることが重要です。もし、腕が視野から見えなくなるとしばらくして動けなくなります。人間が寝起きの時に手の位置がよくわからなくなるような感じなのかもしれません。このロボットは触覚を持たないので、フィードバックが弱く、腕が見えていないと自らを動かしていても情報が不足するのです。常に腕が見えるように、視野を広く確保して動かす必要があるので、ロボットの視覚には魚眼レンズを使用しています。人間としては視野の外縁が婉曲しているのが気になりますが、初めから魚眼レンズで学習させれば、ロボットにとって世界はそういうものだと問題なく認識できます。

ロボットのハンドの軌道と見えているタオルの組み合わせを繰り返してダイレク

トティーチングしていくことでバリエーションを覚え、こういう運動を繰り返すのだと学習していきます。学習データは数十動作と少ないですが、その動作を導くための軌道とタオルの状態を組み合わせた映像数は非常に大量なので、ディープラーニングによる学習が可能です。

軌道については、ロボットは関節角度とハンドの角度の動きのデータをダイレクトに覚えています。対象物であるタオルの置かれ方を認識したあと、どの軌道でハンドを動かせばいいか判断します。つまり、視覚と運動の二つの感覚を統合する形で学習しているわけです。

現在、このロボットは東京・お台場の産業技術総合研究所人工知能研究センターで動いています。いまのところ、畳む学習しかしていないので畳めないものでも畳もうとしますが、対象物によっては他の動作を組み合わせることも考えており、近々発表できると思います。

通常、産業用ロボットは対象物の形状ごとに専用のハンドを用意するのですが、このロボットは同じハンドでいろいろな対象物に対して作業できます。私の研究室でも、院生や学生がそれぞれの研究に使用しています。また、ロボットが皆で取り合う状況になるのでハンド部がよく壊れますが、その対策としてハンドは3Dプリンタで作れるようにしています。

このロボット学習の方法ならタオルを畳むだけでなく、人間が行うような他の作業を学習させることも可能だと考えています。

アメリカに対抗するには日本なりの工夫が必要

ディープラーニングによる画像認識の研究は世界的に多数発表されていますが、音声認識についてもディープラーニングは十分な認識能力を持っており、音のノイズの除去や複数の音の分離などでも成果を出しています。

私たちは、人間が発音する際の唇の形の映像と音をディープラーニングに学習させて読唇するリップリーディングの研究を行い、2015年に論文を発表しました。ところが、2016年末にグーグル・ディープマインドが「リップネット」という研究を公表しました。テレビに映る人の唇の動きから、会話の文を自動生成するというプログラムです。ディープラーニング用のデータとして、テレビで人がしゃべる動画を5000時間分与えたそうです。

私たちのリップリーディングの認識率は20%を超える程度でしたが、リップネットは60%以上を認識しています。私たちの研究では、日本語の音素が40数種類と英語に比べて多く、静止画で学習していた、といったハンディがありましたが、それでも認識率ではリップネットに大幅に負けています。彼らの論文の中に私たちの論文が参考文献として紹介されています。ディープマインドの論文に、ディープラーニングの先駆研究として紹介されたことは喜ばしいことですが、研究としては大幅に遅れをとってしまいました。

現在、音についてのディープラーニング利用では、音声認識や物体環境音、ノイズ除去などいろいろなアプリケーションで試されています。

音声認識と言えばスマートフォンで使っている人も多いでしょうが、シリやオーケーグーグルなどスマホの音声認識はクラウドから提供されているため、応答に時間がかかるという欠点があります。

ロボットのサッカー競技「ロボカップ」から派生した「ロボカップ@ホーム」という家事を競うロボット競技会があります。そこではマイクでロボットに命令する

物体環境音
物体自体やその置かれた環境から発生する音。音声処理の上では障害となる。

ノイズ除去
音響センサーで拾得した音から、物体環境音などを取り除いて純化させること。

のですが、状況によってはなかなかロボットが音声を認識できません。例えば、先のグーグル音声認識のようなクラウドベースの音声認識エンジンを使いたいのですが、競技場のネット環境がよくないためスムーズに使えないのです。そのため、自分たちで音声認識システムをパソコンに搭載して実行しています。ＧＰＵが小型化し低消費電力となれば、主たる学習は競技会前に終わらせ、学習済みのウェイトだけをロボットに搭載して実行（エッジコンピューティング）できるようになるでしょう。

このように、ＩｏＴやクラウドをロボットに利用しようとした場合、最も問題になるのがインターネットにリアルタイム性という概念がないことです。それほど高速でなくてもいいのですが、一定時間までに処理が終わって応答してくれないと次の行動が決められません。また、処理が一定時間内にできない場合はそのことを知りたいのですが、それを通知してくれる通信上のルールもありません。

そうした取り組みが進んでいない原因として、ネットワーク研究において、これまでそのような用途があまり考慮されていなかったこと、そしてロボット研究者とインターネット研究者の相互の連携不足があるかと思います。よって、今後は互い

ＩｏＴ
インターネットに接続された実世界のさまざまな機器が情報交換して、相互に制御する仕組み。「モノのインターネット」と訳される。

の知見を共有し、なんらかの最適化を進めていくことが必要になります。

弱点を克服し普及が予想される触覚センサー

ディープラーニングの触覚の研究については、利用されている触覚センサーの数が少ないため、まだあまりありません。かつて、ロボット研究では触覚センサーの利用は非常に難しいと考えられていました。それには、主に二つ原因があると思います。

一つは触覚センサーが小型で高価だったことです。しかも、研究に利用するには多数の触覚センサーが必要です。もう一つの原因は触覚センサーが壊れやすいことです。ものに触れる頻度が高く、固いものや柔らかいもの、尖ったものにも触れなくてはならないため、非接触センサーと比べると故障しやすいのです。また、小さな触覚センサーはロボットハンドの先まで配線するため、取り扱いが難しかったのです。

いまは印刷技術の進歩で柔らかい基板が作られています。それにより、センサーごと基板に入れ込むことが可能です。また、製造コストも安くなってきました。触覚センサーが壊れやすいという課題は完璧にクリアされていませんが、配線も基板に埋め込まれているため切断も減っています。以前はハンドの先まで個別に配線していましたが、いまはセンサー自体が通信機能を持ったモジュールとして設計されており、これらをつなぎ合わせることで通信できます。そうした状況からも、今後は触覚センサーの利用も増えてくると思います。

触覚センサーで取得できるデータは2次元の情報という意味で、視覚センサーのデータと似ています。触覚の研究には視覚研究の成果をかなり利用できるのでは、と期待しています。ただ、人間の手は温度を計ったり痛みを感じたりと非常に多機能です。そこまで真似るのは難しいとしても、今後のロボット研究で触覚センサーの利用は普及していくと思います。

センサーは「何をするのか、できるのか」という動作とのカップリングを考えて使うべき

前述したように、高機能なセンサーが次々と開発されています。ロボットにこれらのセンサーを使用すれば人間が感じ取れないことも感知できるわけですが、むやみにつければいいというものではないと考えています。例えば、人間はＧＰＳという人間には本来ない知覚を用いて自動車を運転していますし、ウェアラブルデバイスで人間が利用できる感覚の拡張もあります。ただ、ＧＰＳだけで自動車は運転できません。自動車が自ら動けるということがまず基盤にあり、その上でのＧＰＳなのです。

ロボットの場合もさまざまなセンサーの機能をどう行動に利用するかが問題になります。ロボットは何をしたいのか、何ができるのかという視点でセンサーの利用を考え、選択しなければなりません。

ハードウェアデバイスの開発では、感覚だけ運動だけと機能を独立させて取り組

ウェアラブルデバイス
人間が装着して、感覚を拡張させるためのツール。ＩＰ通信を行う腕時計やＶＲのメガネなど。

んでいてもいいのですが、知能ロボットの研究では常に感覚と運動の両方を考えなくてはなりません。なぜ手にセンサーが必要なのかと言えば、ものをつかむ、握る自由度を実現したいからです。そのように感覚と運動をカップリングして考えることが必要です。

仮想シミュレーションが運動の学習を補助する

ロボットの目的にあったセンサーの選び方として、強化学習で試して評価のよかったものを使うという方法があるでしょう。グーグルの研究のように実物のロボットを使って2カ月間ピッキングさせるという試験は現実的には難しいでしょうが、シミュレーションによるバーチャル空間での学習は、今後ある程度普及していくと思います。

シミュレータの利用は、センサーの比較選択だけではありません。ロボットがどんな世界で、どういう目的で動くのかをシミュレーションしながら強化学習させることには意味があります。

ピッキング
命令されたものを指示通りに移動させること。

ただ、コンピュータで再現できる世界には、いまのところ限界も多い点に注意が必要です。例えば先に述べたように、柔らかい物体をシミュレーションすることは大変な計算コストがかかります。また、多様な材質の物理的な接触、摩擦状況や衝撃などの厳密な再現は非常に困難だということは、気をつけなければいけない点です。

モダリティを統合するディープラーニング

いま、エンジニアリングの世界には画像認識、音声認識、自然言語処理などそれぞれの専門家がいます。専門性を深める研究も重要ですが、モダリティを超えたモデリングについてはこれからの課題です。ディープラーニングの魅力は、画像や音声などそれぞれの分野に利用でき、成果も上げていることです。最近は複数のモダリティを統合したディープラーニングの研究もあります。例えば、画像を入力すると説明文を出力したり、ビデオを見るとそれにあった音を作ったりするなど、複数のモダリティを統合させたさまざまな応用研究などです。

前述した私たちの研究でも、ロボットが手を動かすと、その動きの感覚に合致する物体のイメージデータが生成されました。これは動きと視覚のモダリティが統合されたからです。このように、モダリティを統合することによって、個々のモダリティの情報に新しい意味が付加され、見えていないもののイメージまでが加算されるというように、より豊富な表現になっていくのです。

多くの研究者は研究分野を専門で分けがちですが、それらの専門分野も本来は統合されて存在しているものです。ロボット研究者も専門によってセッションがバラバラですが、モダリティの統合を考える上では、もう少し歩み寄って同じセッションで討論できれば非常に有効な知見が生まれると考えています。

人間など新皮質を持った生物では、誕生時には明確に分離されていなかったモダリティが個々に分離していき、再統合されるシステムに移行すると考えられています。モダリティが分離される前の融合されたイメージが「共感覚」と呼ばれる現象と関連していると考えられています。視覚でも音でも空間のイメージにつながり、さらにそれは実は自分の身体を使った空間表現のイメージと強く結びついているのです。このようなイメージが自己や他者といった、より高度な表現につながっていくのだと考えています。

モダリティの分離が起きるようになったのは、おそらく視覚、聴覚でかなり高度な情報処理が必要になってしまったためでしょう。それまでは個別の処理を無視して融合されていたものが、個別に、より細部まで見てから統合する方向に変わっていきました。これはものがよく見えるようになった結果だと思います。音がよく聞こえるようになった結果です。各モダリティをいきなり統合すると情報過多になってしまいます。ある程度高次元の情報を処理して、ある前提方針に基づいた抽象的なネットワークを作るという作業がその手前に必要になったのです。

最近の音声や動画の処理を行うディープラーニングでも、類似の構造を持っていることが多くなっています。数万次元のニューロンで映像、音などのデータを処理しますが、数万次元のままでは処理の次元数が多すぎるため、数万次元をまず階層型ニューラルネットワークで小次元化し、その後、時系列を処理するリカレントニューラルネットワークなどで統合学習するのです。情報が高次になるということは、そうした段階的なプロセスが必要になることだと思います。

AI研究とロボット研究の距離を接近させるためには

AIとロボットの研究は同じような時期に始まり、比較的近しい研究者が研究に携わっていきました。どちらも伝統的な電気工学や機械工学から見ると少し特殊な研究領域でした。しかし、70年代ごろからロボットもAIも少しずつ成果を出していきます。AIでは簡単なルールと推論に基づくシステムが開発され、多関節のロボットも開発されました。加藤先生が世界初の人間型ロボットWABOT－1を発表したのもちょうどこの時期です。

80年代になって、エキスパートシステムと産業用ロボットがそれぞれ本格化します。当時、産業用ロボットは日本の世界シェアが6割と話題になりました。そして、このころ発表されたのがWABOT－2です。二つのジャンルの歩みは、なんとなく似通った感じで進んできました。

しかし、2000年代になるとロボットはペットロボットのアイボや2足歩行のアシモが出てきて人気を博しますが、逆にこの時期のAIは冬の時代となってし

エキスパートシステム
特定の分野に限定して専門家の知識をベースに推論できることを目指したプログラム。80年代の第二次AIブームの中心と言われる。

まっていたのです。
現在、ロボットのアーキテクチャーはドローンのように、バッテリーとモーター、そして制御手法の発展が進んでいます。一方、ＡＩでは従来の主流研究とは直接関係のないところでディープラーニングが登場してきました。
歴史的にはこのような流れで進んできたのですが、研究のアプローチから見た場合にも違いがあります。ロボットは対象が実物体なので、そのベースは物理方程式です。非線形な微分方程式をどうやって解くか、例えば線形近似するかなどが問題になります。対して、ＡＩのベースは情報工学で、知識処理と確率方程式です。設計者が仮定した分布にあわせた答えを出そうとします。このように基本となる式、つまり考え方が違っているのです。
物理世界を微分方程式で決定論的に解決しようとするロボットと、形式世界を知識や統計分布で近似するＡＩとでは、モデルの思想が逆なのです。2足ロボットを速く安定して動かすにはどうすればいいかという研究と、音声の認識率を雑音のある環境で高める研究は学術的にはまったく異なります。しかし、この二つが歩み寄ることが重要だと考えています。

ドローン
無人飛行機の通称。センサー機能と自律性、機動性からロボットとみなされることも多い。

非線形な微分方程式
微分した関数同士の積を含む微分方程式。自然の振る舞いを扱った微分方程式の多くは非線形となり、解析的な解が存在しない。

線形近似
簡単に解が出せない非線形な微分方程式をさまざまな手法で単純化すること。

本来、ＡＩとロボットの研究が互いを意識して考えるのは当然ですし、そうでなければいけないと考えています。多くの研究者が双方を接近させなくてはいけないという意識を持っています。しかし、そのハードルは高く、人工知能学会とロボット学会の交流が十分とは言えない状況です。ロボット研究者の一部は音声認識や機械学習などを「ライブラリ」の一言で処理し、ＡＩ研究者の一部もロボットを単なる入出力デバイス（インターフェース）として済ませてしまいます。ＡＩというソフトウェアとロボットというハードウェアをトータルに研究している人は少ないのです。ＡＩ、ロボットの双方の研究者の多くが、他方を自分の研究領域外と捉えています。しかし、例えばＡＩもロボット自身の行動のための知能を考えれば、その研究方法も変わってくるはずです。

個別に長い歴史と伝統を持った研究領域が存在し、さらにそこでの世界の先端研究を極めて激しい競争の中で行なっている研究者が、境界領域をさらに跨いで実施することは非常に難しいことなのです。そのために、ＡＩとロボットの両分野の研究が接近することは容易ではありません。

若い世代の研究者にとっては、ＡＩとロボットの研究が分かれていることが信じられないかもしれません。逆に、そうした先入観のない世代に今後の研究開発を期待しています。彼らはＡＩとロボットそれぞれの歴史とは関係なく、どちらも目の前の研究に必要な知識と捉え、抵抗なく受け入れています。彼らの頑張りによってＡＩとロボットの双方の文化が融合されていくことを願っていますし、私自身も努力していきたいと考えています。

第三章

ディープラーニングが生み出す未来のロボットの可能性

いまはディープラーニングがAIを牽引している

国内の企業がディープラーニング（深層学習）へ興味を示し始めたのは、この1、2年です。一方、長年にわたって大量に投資をしているのがアメリカと中国です。2014年に私が発表したディープラーニングをロボットに応用した論文は、数千件のダウンロードをしてもらったのですが、その7割はアメリカからでした。次が中国だったと記憶しています。そういう意味で日本は出遅れているようですが、一方、研究現場の若い研究者たち、特に20〜30代の人たちは早い段階からディープラーニングの重要性に気づいていたようです。

ディープラーニングは、その注目された経緯が変わっている技術です。ニューラルネットワークについては、すでに1980年代にニューロ&ファジーブームで十分に注目を浴びていました。しかし、その後になって、普通の統計的情報処理で十分に効果があるとみなされたため、下火になってしまいました。例えば、ニューラルネットワークは音声認識で活用されそうになりましたが、結局HMM（隠れマル

ニューロ&ファジーブーム
人間の曖昧さや感覚に応じた動作を目的とした制御システムのブーム。洗濯機やエアコンなどの家電製品に広く取り入れられた。

HMM
直接観察できない状態を含む、確率遷移モデル。

コフモデル）などの手法には勝てず、活用されませんでした。

学習という処理を考えた場合、対象をできるだけわかりやすい統計モデルによって表現できれば、学習させるパラメータの数を少なくできます。パラメータの数を最適化することで、学習させるサンプルをそれほど多くしなくても十分にパフォーマンスのあるモデルが入手できるのです。これに対して、中で何が起きているかわからないという意味でニューラルネットワークはブラックボックスとみなされた上、本当にパフォーマンスを出すには学習データが大量に必要でコストもかかる。そうしたことから、非常に使いづらいツールだと考えられてきたのです。

ニューロ&ファジーブーム以降、大学でもニューラルネットワークの研究は下火になりました。しかし、実用化の研究は止まっても理論の研究は続きました。また、私たちのような「認知発達ロボティクス」分野の研究者は、人間を理解する上でロボットとニューラルネットワークをセットで考える学際的なアプローチをとっていたので、「人間の知能を理解するためのニューラルネットワーク」の研究を続けていました。

しかし、第二次ブーム（１９８０年代）の終焉以降、ほとんどニューラルネット

第二次ブーム
ＡＩ開発にニューラルネットワークが注目された時代。計算能力の限界で多層化が進まず、冬の時代が訪れた。

ワークを顧みなかった企業がいまさらニューラルネットワークに対応しなければいけないと言っても、なかなか難しいでしょう。若い研究者たちは経験や予備知識がないので切り替えも早いのでしょうが、その上に立つ上司たちは過去を知っているため、いまさらなぜニューラルネットワークの研究なのかと、なかなか納得できないところもあるのです。

2012年ごろ、私が最初のロボットのデモンストレーションでディープラーニングを使った時、他の研究者からは「いまさら、ニューラルネットワークを実装してどうするの?」という反応を受けました。RNN(リカレントニューラルネットワーク)で言語を学習させますと言っても、「RNNって昔のリカレントニューラルネットワークのこと?」とも言われました。それもほんの6〜7年前のことです。そうした研究者たちにとって、過去に否定されたニューラルネットワークがいまさら効果を上げ始めているなど、信じられなかったのでしょう。研究者ですらそうなのですから、企業ではさらに理解されないのではないかと思います。

最近、企業の研究機関の長などから、自分たちの経営者層にディープラーニングの話をしてくださいと言われます。AI(人工知能)とは何なのかをテーマにレクチャーを依頼されますが、その際、ＡＩの中でもディープラーニングがブレークスルーのけん引役であることを話しています。つい2~3年前までの企業は「ＡＩって何?」という状態だったのですが、いまは「ＡＩを始めなければいけない」と意識ががらりと変わりました。ただ、その理解度は企業によってまちまちです。

ＡＩは過去に2回のブームがありましたが、特に第二次ブーム後の期待を裏切られたという思いは、研究者、企業にとってともに辛い記憶でしょう。現在の第三次ブームでも類似の傾向がありますが、当時ＡＩへの期待感がとても大きく、ＡＩが完成すれば多くの応用で人間を超えるといったようなことまで言われていたのです。

もちろん、そんなことはあり得ないと、当時のＡＩ研究者は皆わかっていたはずです。しかし、実際には技術者、研究者の認識、判断が経営者に正確に伝わることは難しく、また世間にも説明することは困難でした。結果として、世間から過剰な期待が寄せられてしまったのです。

象徴的な例として、第5世代コンピュータがよく挙げられます。第5世代コンピュータには総計数百億円もの莫大な国家予算が投入されたことで、述語論理など数学の推論体系が大きく発展し、その分野の研究者も多く育てられました。しかし、商品化など産業にはなかなかつながりませんでした。結果として、企業の多くは研究対象の変更を余儀なくされ、ＡＩという言葉に非常にネガティブな印象を感じていたわけです。

そうした影響から、人工知能学会は１９９０年代に一度つぶれかけたと聞いています。いまでは史上最多の会員数になった人工知能学会も、かつて消滅しかけたことがあったのです。

アメリカのディープラーニング研究を牽引するビッグ5

アメリカのディープラーニング研究は、最初は大学が先行していましたが、実際に研究で周囲に大きなインパクトを与えたのはグーグルなどの民間企業です。グーグルは論文もオープンに次々と発表します。

研究のスピードで言えば、中国も早いです。ディープラーニングの画像認識コンテストで１５２層のディープラーニングで人間の認識率を超えたマイクロソフト、その前の記録保持者はグーグルでした。しかし、両社の競争は２０１５年に人間のエラー率５％を下回るまで続いたわけですが、２０１６年に勝ったのは中国の研究所でした。

グーグルとマイクロソフトは、人間の能力を超えるエラー率を達成したのだから十分と考えて別の研究分野にシフトしたのでしょうが、それにすばやく複数の中国が追随できるということは重要な点です。彼らのポテンシャルは間違いなく高いはずです。いわゆるネット企業の「ビッグ５」と言われるグーグル、フェイスブック、アマゾン、マイクロソフト、アップルは莫大な金額を投資しているのです。

純粋なエンジニアマインドを持つ研究者は論文に興味がなく、書く時間を無駄と思うことも多いです。一方、大学で学術を研究したい研究者は論文の重要性を認識しているため、オープンにできなければつまらないと思うでしょう。自分の研究を社会で役立てたいと考えるからです。

しかし、本来企業は研究開発をクローズドで進めるのが一般的であり、むしろグーグルのようにインターネットで研究成果を公開してしまう方が変わっているのかもしれません。そういう意味では、オープンな大学からクローズドな企業に移ると、研究者は息苦しさを覚えると思います。

ディープラーニングの登場で音声認識の研究がさらに深まる

音声認識でのディープラーニング研究では、日本ではＮＴＴ、三菱電機が早い段階で成果を上げています。もちろんグーグルがすばらしい技術を持っていますが、日本語となると、まだこれからでしょう。

前述したように私も以前、ホンダ・リサーチ・インスティチュートジャパンと対話システムの音声認識関連で共同研究を行っていました。自動車の音声認識では、車内でカーナビに話しかけてもうまく認識してくれないという典型的な問題があります。車内はかなりうるさく、また、あえてエンジン音を響かせるような設計になっている場合もあるため、音声認識には過酷な環境です。同様にロボットの研究者も音声認識を用いますが、ロボットに音声を認識させようとしても、なかなか認識してくれません。

大阪大学の石黒浩教授は、複数台のロボット同士が会話し、そこに人がキースポットで割り込むような形での会話デモをしました。ロボットが人間の言うことを理解すれば会話が盛り上がり、ある程度理解が不完全でも人間とロボットの2人きりではないので、人間の発言を適度に無視してロボット同士が会話を続けるというものです。これは非常にうまい対話設定の例ですが、このようにある程度音声認識は難しい、それをどうカバーするか、利用するか、という研究が多いのです。

1990年代、音声認識のパフォーマンスはこれ以上、上がらないとされました。静かな環境の中、一定の速度でしゃべれば90％は認識されました。これでは実用的製品への応用は困難でしたが、論文としては90％の認識率であれば十分であり、それ以上の研究はあまり行われなくなりました。そのかわり問題となるノイズを除去したり、対話方式を限定したりして対話の齟齬を減らす研究などが多くあったのです。

ところが、ディープラーニングが登場したことで、さらに認識率を向上できるのではないかと再び研究が始まりました。実際に成果も上がってきたため、改めてディープラーニングで音声認識の研究をやり直そうという機運が高まっています。ディープラーニングの登場によって、以前のように音声認識率が悪いということを前提にした研究はこれから減るのかもしれません。

大昔の話ですが、ロボットの逆運動学（関節を動かす計算）の計算高速化の研究では、30〜40年前に多くの論文が発表されていたようです。当時はコンピュータの計算速度が遅かったので、あまり現実では起こらない条件を設定した、高速化手法が多く提案されました。しかし、現在はコンピュータが高速化したので、その多くの研究は利用されていません。

こうした意味からもディープラーニングのような新しい技術が出てきた時、従来の研究の残すべきものは何かを見極めなければならないでしょう。

企業との共同研究

企業にとって研究成果を発表することは、先端技術のアピールとして重要という意味合いが強く、論文よりもプレスリリースなどの形態をとることが自然でしょう。ただし、発表する内容がいまの先端研究から遅れているようなものでは、企業のイメージダウンになってしまいます。何が先端と言えるのか、論文などできちんと把握しておかなくてはいけません。この辺は後述します。

ロボット系企業でディープラーニングに熱心な企業は、いまのところ多くありません。もちろん、自動車に関連する企業はディープラーニングの研究が早かったですが。

私は、企業とのコラボレーションは基本的に共同研究にしています。両者でテーマを決めて具体的な目標を定めます。テーマが面白く、私の研究室だからこそでき、しかも共同研究に参画した学生が学位取得の論文を書ける、というのが理想です。すべてを受けきれないため、お断わりした案件も多くあります。例えば、画像認識だけに利用するのであれば、私の研究室を訪ねる必要性はないでしょう。これまで実際に相談に来られた企業の多くは、ロボット技術を介してディープラーニングを活用することが目的になっています。

私を訪ねてくる企業の中には、具体的な研究テーマが決まっていないまま「共同で何か研究をできないでしょうか？」と依頼してくるところもあります。共同で最初からテーマを考えていくこともできますが、本来は企業自身がその強みと弱みを把握して、期待するテーマを持ってきていただくのが理想ではあります。

逆に、私たちの発表した論文を再現して「このように動いていますがいいのでしょうか？ これなら、このような新しい利用法もあるのではないでしょうか？」と積極的に質問してくるところもあります。例えば、セミナーなどで少し話した研究内容について、数年前に学生がライブラリなしで2カ月かかった研究を、先端のライブラリを駆使して数日間で再現するのです。「先生、本当にディープラーニングは認識するのですね！」と感嘆しながら再現内容を見せてくれます。「認識しますが、わずか数日間で再現したのですか？」と逆に私も驚いてしまいました。

このような大学の研究だけでは経験できないことが、企業と組むと経験できることが共同研究の魅力と言えます。アイデアや方向性があっても、大学の研究室でやろうとすると、一部のポスドクや博士学生に研究作業が集中してしまいます。彼らに任せれば研究が遂行できるとわかっていますが、研究者の本旨は論文を書くことですから、企業研究に過剰な負担をかけられません。一方、企業内なら若い研究者が職務として勤勉に研究に取り組めるため、ディープラーニングも早く習得できるでしょう。そうした共同研究を通してアイデアが具現化したり、商品化に至ったりすることは非常に魅力的であり、やりがいのあることです。

ディープラーニングスタートのためのコスト

ロボットにディープラーニングを実装して動かす環境を整えるには、まだ高いコストがかかるイメージがあります。実際、グーグルのように14台のロボットを並べて2カ月間ピッキングの学習させるような研究だとどれだけのコストがかかるかわかりません。ただし、やり方次第ではそれほどコストをかけずにディープラーニングを利用することも可能だと考えています。

ディープラーニングでは、まず計算機のコストが最も大きいと言えます。確かに数十万円くらいのGPUユニットを使ってもディープラーニングの基礎技術は身につけられますが、やがて高度な研究をするとなれば大型コンピュータが必要になってしまいます。

そこでは大型の計算機の購入が必須のように思えますが、実は電気やガスのように、外部の計算機を利用した分だけ売買するやり方が主流になりつつあります。いま、自前で計算機を揃えている研究者もいますが、すぐに当然のように外部の計算

GPU
画像処理用の並列演算装置。

機を使って学習させるようになるでしょう。アマゾン、グーグルなどの複数企業がすでに本格的なサービスを始めています。日本でも国家規模でディープラーニングをターゲットとした新しいコンピュータの開発プロジェクトが始動しています。

そうしたコンピュータの計算機能のサプライヤーが出現し始めたところなので、いまはどういう環境を選択してディープラーニングを実行するかの判断が難しい時期です。各企業はそのサプライヤーとしてシェアを取れば、大きな利益が見込めるのです。

もちろん、新興勢力もどんどん出てくるでしょう。ディープラーニングに利用するコンピュータでは計算の速度も重要ですが、多くのプロセスを並行して実行できることも非常に重要です。ディープラーニングはいまのところ、設計やデザインを論理的かつ明確に説明できないため、さまざまな可能性を繰り返して実行することによってその評価を得ることが重要になるからです。

いまのクラウドサービスはサーバーを購入して電気代を支払うのと同じくらいの価格なので、管理の手間を省きたいと思うユーザーを狙っているようです。クラウドの価格も利用が増えれば下がっていき、将来的にはさまざまなライブラリが最初

プロジェクト
平成28年、安倍晋三総理のAIの研究開発目標と産業化のロードマップの本年度中策定の発言を受け、安西祐一郎日本学術振興会理事長を議長に「人工知能技術戦略会議」が創設された。

から利用できる形で提供されるようになるでしょう。データさえアップすればディープラーニングの学習に使えますという形になれば、皆が使い始めるでしょう。今後5年以内にこうした競争の結果は出ているのではないでしょうか。もっとも、現状のクラウドにデータとアルゴリズムの両方をアップするにはセキュリティ面での不安がありますが。

ディープラーニングの医療分野への応用

今後、ディープラーニングを利用した画像認識、音声認識、自然言語処理、これらを活用した生産、医療、自動運転など非常に多岐なビジネス領域でさらに成功例が出てくると思われます。

画像認識はもちろんビジネスで最も利用されているわけですが、どうしても先行するグーグルなどさまざまな企業と競合する分野なので、新規の大きなビジネス化には高いハードルがあるでしょう。例えば、新しいアイデアを見せても、すぐに真似されやすい、ということがあると思います。

医療系は競争の激しい分野で、今後どこが成功するか予断を許しません。CTなど医療画像解析では、ディープラーニングでの成果がすでに多く出始めています。カルテなど個人情報と結びついたデータを扱う困難さが最も大きな問題です。現時点で扱えるデータを大量に持っている企業や大学、研究機関がリードしていくでしょう。日本でも、京都大学や東京大学はかなりの医療データを持っています。

私が2016年2月にイギリス大使館の招待で見学したアラン・チューリング・データ科学研究所も、医療を大きなターゲットの一つとしています。イギリスでは、国立の独立した研究機関というのは初めてだそうです。このようにAIとの結びつきが有望そうな領域について、各国が新しい研究開発の枠組みを模索しています。

医療関連の論文解析などでも言語処理が利用されています。ただ、ネットに載っていないような言語データの取り扱いはいまだ未解決問題です。例えば、医師がカルテに手書きしたような、デジタル化しづらい知識は収集が難しいでしょう。今後の医療分野で利用する知識を考えると、ネットではまだ共有されていない情報を利用できるかどうかが差別化で重要になってきそうです。

生産現場で主に利用が考えられるロボットにおけるディープラーニングの活用でも、医療分野は有力な応用分野になると思います。医療ロボットなら高単価の設定も可能であり、投資の回収も見込みやすいと思います。

AIによる自動運転は過渡期にある

自動車業界やネット系の大手企業では、自動運転に関する議論が盛り上がっています。ディープラーニングはその中のキーテクノロジーであることは間違いなく、多くの研究成果が発表されています。しかし、ひと口に自動運転と言っても、ブレーキの補助から人の操作を排除した完全自動運転までさまざまなレベルがあります。

高速道路での走行時の自動運転を推進している自動車会社もありますが、一部の道路などではまだ難しいようです。一方、現行の自動車でもアイサイトのような衝突回避システムを取り入れると、自動車としての商品価値が上がります。このように自動運転に向けた技術開発は着実に進んでおり、その技術も手動運転の自動車に搭載されることで利便性を向上させています。ただ、いまのところは完全自動運転

アイサイト
スバルの自動停止機能つき衝突被害軽減ブレーキ。

の実現は相当難しいと思います。

自動車では、学習するべき場面が多様なのです。確かに自動車のハンドル操作では左右の2自由度しかありません。他の操作にはブレーキとアクセルしかない。しかし、見なければならないもの、確認しなければならないことが多すぎる一方で、ドライバーにできることは非常に制限されています。走行中に真横に動けたら便利だと思うのですが、そうした自由は許されません。このような制限下で運転しなくてはならないのは、作業として見ると非常に煩雑なものに思えます。自動運転も、実はこうした制限の中で行われなければならないのです。

特に、日本は道幅が狭く入り組んだ道が多いため、海外より自動運転のハードルが高いと言われます。もちろん、海外でも一般道を走行する時のディープラーニングの判断を信用してもいいのかという議論があります。仮に、技術的に完全自動運転が実用レベルになったとしても、法律面での検討事項もあるため、自動運転車の一般走行が認められるのはかなり先になるでしょう。

茨城県つくば市では搭乗型移動支援ロボットが走り回っていて、「ロボット注意」の看板まであります。ここではロボットが走行していますが、周りもすべて自動運

つくば市内で行われる、自律型移動ロボットの技術チャレンジ。
遊歩道などの実環境で行われる（つくばチャレンジ実行委員会提供）

転ならば問題はありません。

しかし、自動運転の自動車の中に手動運転の自動車が混ざるとやっかいなことになります。自動運転車から見て手動運転車は邪魔な存在になるからです。高速道路での合流やすれ違いの瞬間など、自動運転車からすると人間の運転する自動車の挙動や考えを理解できないからです。例えば、人が運転する自動車が合流のタイミングをつかめなくて立ち往生している状況の判断をＡＩがすることは困難でしょう。すべての自動車が自動運転に一気に替わるわけではないので、今後しばらくは自動運転車と手動運転車の道路での共存が課題になります。

自動運転はいろいろな意味で現在過渡期です。人間社会の中に入っていくための研究が、技術開発とは別に行われなくてはなりません。自動運転車が一定割合を占めるようになれば、自動運転車同士で通信して手動運転車への対応も自動調整し、コントロールするようになるでしょう。市中を走る自動車のうち自動運転車の割合が3～4割まで伸びれば共存問題は解消するとのシミュレーションもあります。しかし、過渡期には人間の運転する自動車と自動運転車との協調が重要問題になります。

ディープラーニングにより自動運転車の進展が見込まれるのは確かですが、それを販売するという決断はなかなか難しい。自動運転の性能とは関係ない事故が起きた場合でも、自動運転が最初に疑われることもあるわけで、潜在的な危険性が多く考えられるからです。自動運転の導入には、新たなブレークスルーが必要になるのかもしれません。

自動運転車は「ロボット」と呼べる存在です。自由度が少なく制御的には容易に見えますが、工場の中で限られた人が操作する産業用ロボットに比べると自動運転車の社会への導入のハードルはどうしても高くなります。

産業用ロボットのピッキング作業とディープラーニング

産業用ロボットにとって多様な物体のピッキングは難しい作業です。ピッキング対象の状態を認識するための3Dモデルづくりに、大きなコストがかかります。さらに、認識がうまくできても接触状態の把握が難しく、つかむ瞬間にハンドが滑ることもあります。コンピュータでのシミュレーションとは違う、現実の作業の難しさがあります。バラバラに置かれた荷物を積み直す作業は人間でも手順に迷うこともあるのです。

このピッキング作業が現在、ディープラーニングを使用したロボット応用で最も期待されています。すでに、部分的にそうしたロボットの導入が始まっている工場もあるでしょう。

しかし、アマゾンが企画するアマゾン・ロボティクス・チャレンジで行われているレベル、つまり一般商品のハンドリングになると実用化は簡単ではありません。

アマゾン・ロボティクス・チャレンジ
アマゾン主催のロボットの作業コンテスト。2017年7月に名古屋で開催。2015年と2016年はアマゾン・ピッキング・チャレンジとして行われた。

アマゾン・ロボティクス・チャレンジでは自動化の難しい
ピッキング作業の技術を競う
(2016年アマゾン・ピッキング・チャレンジ、日刊工業新聞社提供)

扱うものの種類が多すぎるし、ビニール袋に入ったお菓子を取る課題では、ビニール袋が透明で見えないため認識が困難という問題も発生します。そのため、アマゾン・ロボティクス・チャレンジに挑むロボットの多くは、つかむのが難しい場合は空気で吸着させるような手法もとっています。人間とロボットのものをつかむ作業のレベルにはまだまだ開きがあります。

グーグルは14台のロボットを接続して、80万回という天文学的な回数のピッキングのディープラーニングによる強化学習を行いました。ロボットが本当に多種多様なものをつかめれば、その用途は非常に広いのです。もしもこれが学習できれば、学習時には扱っていなかったような対象物のピッキングにも、ある程度は対応できるでしょう。そうなると、いまはロボットには難しいため人間が現場で行っているさまざまな作業、例えば、形状精度がほとんど出ていない部品の組み合わせや、ハーネスや紐のように柔らかく形状が自由に変化するものの扱いが可能になると期待できます。人間の繊細な指先のセンシングを使わないとできない作業はもちろんいまのロボットには無理ですが、目で見たり耳で聞いたりといった感覚のレベルで、人間が操縦すればできる作業であれば、ディープラーニングとロボティクスの組み合わせで実現できる可能性があるのです。

ファナックとプリファードネットワークスの提携でどのような成果が出てくるのかも楽しみです。まだまだ産業ロボットは参入可能で、ディープラーニングの利用で今後どのような研究成果が現れるか期待しています。

ディープラーニングには柔らかいロボットが適している

ディープラーニングのロボットの導入範囲を広げるためには、ハードウェアの考

ファナックとプリファードネットワークスの提携
2015年、工作機械や産業用ロボットの高度なインテリジェント化を目指し、機械学習を生かした技術開発において両社が資本提携した。

え方を少し変えなければいけないと考えています。従来の産業用ロボットは高い再現性を得るため、位置精度が保証できる高いギア比を有した「硬質」なロボットでした。しかし、ディープラーニングにはそうしたハードウェアは適しておらず、むしろ柔らかな動きが有効になります。私の研究でも手首の柔らかさを実現するためにハンドにバネを入れましたし、グーグルのピッキングの実験でもハンドに柔らかな動きを可能にさせる工夫をしています。

注目されるソフトロボティクス

最近のロボットの重要な潮流として「ソフトロボティクス」があります。ソフトロボティクスとは、従来の硬質なロボットに対して、柔らかな素材を使用して柔軟な動きを実現するロボティクス体系です。より人間らしい動きをするロボットと言ってもいいでしょう。ソフトロボティクスが進展すると、対象物の形が不揃いでもつかめるし、人に衝突しても安全です。また、動きがダイナミックな場合、非常にエネルギー効率がいいのです。ソフトロボティクスの柔らかい動きはそのようなメリットもあります。このソフトロボティクスのコンセプトは、全身が柔らかくなくとも、一部に柔構造を取り入れるだけで十分に活きてきます。柔らかいロボットを本格的に研究すれば、応用範囲は大きく広がるでしょう。

ソフトロボティクスは制御が大変難しいという欠点を持っています。もちろん、それをモデル化計算で制御しようという研究もありますが、私は機械学習が一つのアプローチになると考えています。

また、設計法も問題になります。触覚センサーと同じで、柔らかい構造は壊れやすいのです。そのため、柔らかい駆動装置でしかも壊れにくくするにはどうすればいいのか、柔らかいロボットとしての信頼性を得るにはどうすればいいのかを考えていかなくてはなりません。柔らかいハードという流れの中で、最近、昔主流だった油圧の駆動装置が見直されてきています。その前は空気圧の駆動装置がソフトロボットにおいて多く利用されていましたが、空気のかわりに油を使用することで大幅に出力を向上させることができます。

柔らかい構造を持つロボットの制御は従来のロボットの制御とは異なってくるはずです。柔らかい機構を持ち、蹴られても倒れないビデオで有名になったビッグドッグなどのロボットを開発した、ボストンダイナミクス代表者のマーク・レイバート氏が先に紹介した2016年のNIPSというトップ会議で招待講演をしました。ボストンダイナミクスのロボット達にはディープラーニングなどの機械学習は使われていませんが、多くの機械学習の研究者がロボットに興味を持っているので、会議に招待されたのです。

ディープラーニングで効果が見込めるサービスロボット

自動車、産業用ロボット以外にディープラーニングの利用で効果を上げそうな分野の一つとして注目されているのが、サービスロボットです。工場の中の自動化はかなり進んでいますが、これまで家庭用ロボットの普及の糸口はまったく見えませんでした。私のタオルを折り畳むロボットは一種のパフォーマンスですが、家庭での利用を意識したものです。今後はモデル化が困難でアプリケーションが存在しなかった〝家庭〟という分野に挑戦していきたいと考えています。

現在、製品化されている家庭用ロボット的な機能はペットロボット、掃除ロボッ

ビッグドッグ
米ボストン・ダイナミクス社が開発する4足歩行ロボット。

ト、そしてクラウドＡＩを利用しての人間との会話などです。ただ、会話だけならマイクとスピーカーさえあればできるため、アマゾンエコーなどでも十分です。本格的に家庭で普及させるには作業するロボットが必要だと考えています。手が動くロボットが実現すれば、人の作業を代行する役割が期待されます。家庭内環境での作業という問題はたいへんハードルが高く、これまで実現できませんでした。少しでも家庭内の作業をサポートできるロボットができれば、大きな価値となるはずです。

HSRは障がい者や高齢者などの家庭内での自立生活をアシスト。トヨタはHSRを貸与することで技術開発を促す（日刊工業新聞社提供）

例えば、トヨタ自動車が作ったロボット「ＨＳＲ」は、家庭内でも作業ができるのではないかと思わせる動きを実現しています。ＨＳＲは柔らかいアームを持ち、そのハンドを使って、産業用ロボットのような単

アマゾンエコー
アマゾンが販売する音声認識機能を搭載したデバイス。

HSR
トヨタの生活支援ロボット。手足の不自由な人のために、家庭内での自立生活をアシストする。

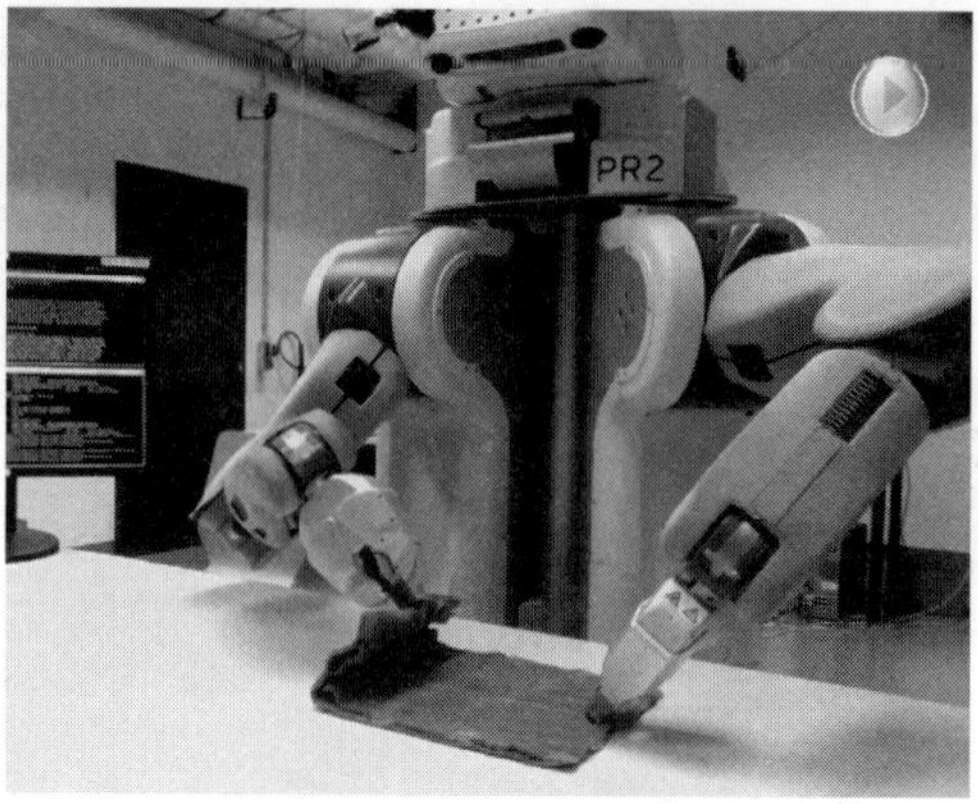

タオルを畳むPR2。
ウィローガレージは研究機関に無償で提供し、技術発展を支えた

なるマニピュレーションではなく、床の上の紙くずを拾うことができます。ハードとしては非常によくできているのですが、ソフトがまだ開発段階です。そこで、トヨタはHSRをいろいろなところに貸し出してソフトを開発してもらって、実用性を広げようとしています。

HSRのようにハードの動作としてのポテンシャルを示さないと、ソフトの開発は進みません。これからは、そのようにハード主導で発展するロボットプラットフォームも開発されるのだろうと思います。前述したロボカップ@ホームでも、HSRはさまざまな作業の可能性があるとしてスタンダードハードウェアに選ばれました。

HSRの前にはウィローガレージのPR2というロボットがありました。これもハードウェアとしては非常に完成度の高いロボットでしたが、現在この会社は解散して存在していません。PR2を動かすのに用いたOSが、現在、世界中に普及しているROSです。PR2を広めるための戦略として、ウィローガレージは優秀な研究をする大学に、当時で制作コストが数千万円のハードウェアを研究用に貸し出しました。いまは生産中止になっていますが、壊れたハードを収集・再生した中古品が販売されています。このロボットを使ったデモは世界中で多数発表されています。ちなみに、私がタオルの折り畳みを一番最初に行ったのも、ドイツの友人に貸してもらったこのロボットでした。

家庭向けロボットの成長では市場規模がネックになっている

このように、共通のプラットフォームをベースにしてソフトを開発・展開していくという方法は、家庭内の作業にも応用できると思います。家庭内では工場のよう

ウィローガレージ
ロボット向けオープンソースソフトウェアのROSの開発など、2014年に事業を停止するまでロボット業界の発展に貢献した。

PR2
研究開発向けとして標準的な地位を得たロボット。

ROS
オープンソースのロボット用OS。グローバルで高いシェアを持っている。

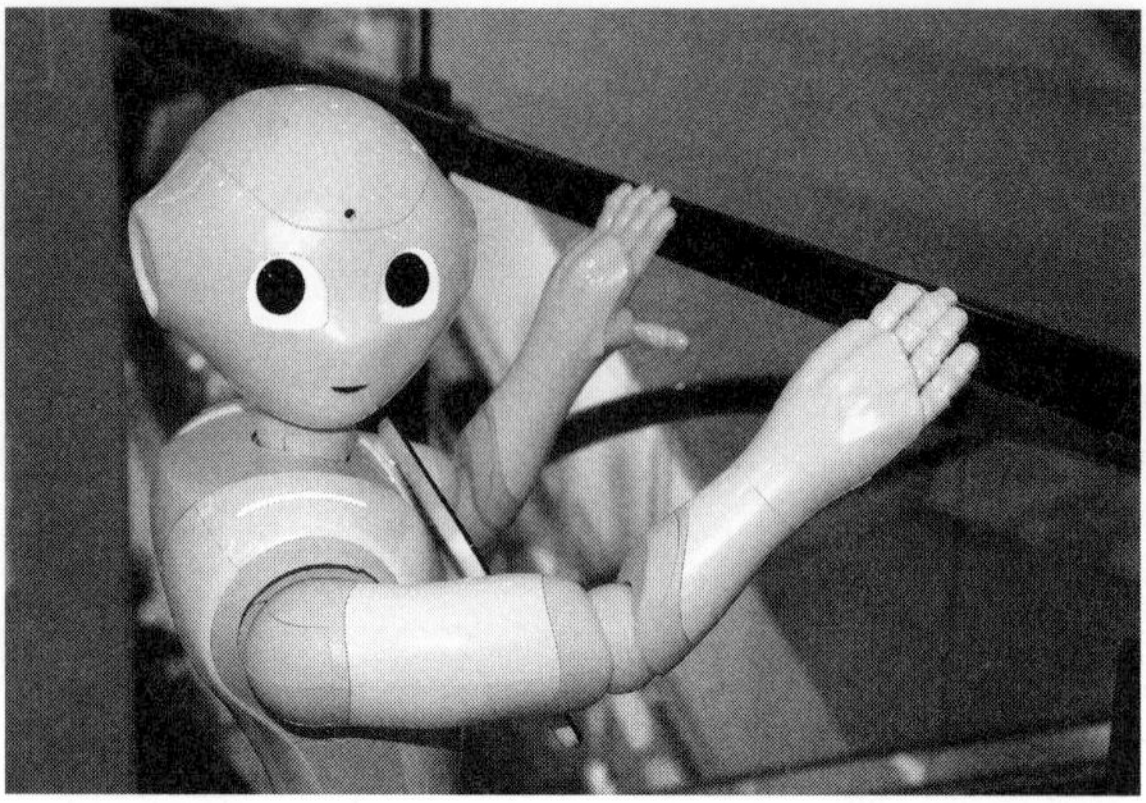

人間型コミュニケーションロボットのペッパー。
ソフトバンクモバイルがアルデバランと共同開発した

に専用のロボットをたくさん並べるわけにはいきません。1台のロボットが汎用的に働くことが望まれるでしょう。そうしたプラットフォームを開発するための技術が完成しつつあるのではないかと実感しています。汎用ロボット向けの機械学習やディープラーニングは、当然これからの研究のターゲットになるでしょう。

作業を行うためには、人間と同じようにハンドを有する腕を持っていることが重要だと考えています。ペッパーはものを持っても腕としての機能がないため、ほとんど作業は不可能です。もっとも、ペッパーのような会話ロボットの知能化は今後進んでいくでしょう。また、すでに家庭に入り込んでいるロボット掃除機も知能化していくでしょう。

家庭用ロボットは家電メーカーが先に製作すると思われがちですが、自動車メーカーなども活発に発表してきています。ホンダはアシモの開発に10年間で数十億円を投入したと言われますが、エンジンを一つ開発するのに比べれば、はるかに小さいコストです。自動車メーカーが本気で開発すれば、一定のシェアを占める可能性は十分にあります。

現在、産業用ロボット市場に比べて、ルンバなどの家庭用ロボット市場は非常に小さいものです。その大きな違いは1台の単価です。家庭用ロボットはいまのところ1台のコストが安いため、残念ながら市場規模は小さい段階です。しかし今後、これらのロボットによって大きくなる可能性は十分にあると思います。例えば、1台で複数作業をこなすような多機能化させることにより、自動車と同じくらいの価格を設定できれば、一つの産業として成り立つ市場規模を生み出せるでしょう。

農業でのディープラーニングの可能性は？

農産物は形が不定形なため、現在の産業用ロボットでは扱いが難しいものの一つですが、ディープラーニングとロボティクスによる農業分野への研究は増えるでしょう。個人農家がテンサーフローを使ってキュウリの大きさを判別した例なども、すでに発表されています。私も農業分野を次の研究ターゲットとして有力と考えていますが、農業での自動化要求についてもう少し勉強しなければなりません。

イチゴ摘みロボットなどは以前からありますが、ロボットの導入では費用対効果が問題となります。アメリカのように広い農地で一気に作物を収穫するような農業なら導入しやすいので、早期に普及していくと思います。しかし、日本では農産物に高い品質保証が求められるため、それに対応できるディープラーニングやロボットにするにはクリアしなければならない課題が多いような気がします。

農業ではディープラーニングやロボットの導入を検討する前に、通常の情報通信技術の導入が有効にも思えます。農産物の出荷にＩＣタグを利用するだけでも大き

テンサーフロー
グーグルが公開している機械学習ライブラリ。

な流通改善になるはずです。そうした情報通信技術の研究も多数提案されていますが、農業団体などとの調整も必要となりそうです。また、自動化の可能性の一つとして、ドローンで農薬などを撒くのは安くできますし、現実的です。アメリカでは大型機も開発され、応用範囲は広いと思います。

ディープラーニングを使う場合は、先のキュウリの例のように野菜の種類と傷の有無を判別するようなアプリなら、そんなに大きなコストをかけなくても実現できる可能性があると思います。

スマホのように多機能なロボットへ

今後、スマートフォンのように1台でいろいろなことができるロボットにニーズがあると考えています。スマホは一眼レフに比べればカメラの解像度は落ち、テレビもすべての番組を見られるわけではありません。ゲーム機としての機能も完全とは言えないし、辞書としても専門辞書の解説には負ける。よく考えて見たら電話だった、というような、個別の機能は専門の機械に劣っても、必要なすべての機能がほどほどに使えるものです。このようなものに需要が出ると考えているのです。

PR2やHSRはペッパーのように会話中心の仕事もできますし、軽い荷物なら運べます。そうした汎用性を意識したハードウェアだから、多くの研究室に貸し出し、使用事例をフィードバックしてもらうという戦略をとっているのです。そして、事例をクラウドにため、限定されてもある程度の複数作業を実行できるようになれば、従来の専用ロボットと差別化できます。ロボットの作り方を変えなくてはいけないというのは、こうした視点を獲得することでもあります。

専用機を作った経験を活かしながら、一般的な作業を行うためのロボットとはどのようなものかという議論をしなければいけません。ロボットハンドにしても特殊な作業に適したアタッチメントを作るのではなく、1個のハンドでできる作業を増やしていくという方向で開発していく必要があると思います。

ロボットがディープラーニングのシンボル的アプリになるには

ディープラーニングのビジネスの可能性についていくつか述べてみましたが、すでに産業界では全般的にディープラーニングが浸透し始めており、今後の3～5年間でさらに普及していくでしょう。特に、画像・音声・テキストでのサービスやウェブデザインなど情報系のアプリケーションが膨大に提供されるでしょう。また、簡易な使い捨てのようなイラストや音楽などならディープラーニングで作れるようになるでしょう。ちょっとしたウェブデザインなら、キーワードとコンセプトを入力するだけで数パターンのデザインを提案するようになるかもしれません。

しかし、実世界への応用、例えば自動車の自動運転へのディープラーニング利用にはまだ大きな壁があります。それは、ディープラーニングとハードウェアを扱う技術者がそれぞれ異なるからです。現状では、機械系の技術者がすぐにディープラーニングを実用、製品レベルにまで使いこなすのは難しいと思います。また、そこをクリアしても、研究開発の成果を実際に社会へリリースすること自体も問題となり障壁が存在するでしょう。これらは解決に10年くらいはかかると考えています。

いまの若い研究者たちはディープラーニングに抵抗がなく、技術開発にどんどん取り入れるでしょう。その時のシンボル的なアプリケーションの一つにロボットがあるはずです。なお、自動運転の自動車もほとんどロボットと言えます。ただし、ロボットの産業レベルでディープラーニングを研究している人は、いまのところはまだ多くはありませんが。

現在のロボットで使われるディープラーニングのほとんどがロボットビジョン研究です。ただ、対象物を正確に視覚で認識するだけでは、それをつかむことはできません。

グーグルのロボット研究が興味深いのは、ロボットの感覚と動作を統合したディープラーニングを行っているからです。さまざまなものをつかめるまで強化学習しているので、完成したロボットも実用的です。ただすばらしいアイデアではありますが、先にも述べたように、その欠点は2カ月かけて14台のロボットに80万回のピッキング作業を学習させなければならないことです。

一からロボットに方法を探させるのは、コストや時間を考えると効率的ではありません。私は最初の動きを人間が模倣学習で教え、それを強化学習で一般化していくのが自然だと思っています。人間も、さまざまな学習を模倣から始めるのですから。

第四章

ディープラーニングの活用で成功するために

ディープラーニングの現状の大きな限界を知る

これからのビジネスにディープラーニング（深層学習）を活用して成功を目指すためには、ディープラーニングの限界を知った上で、他の機械学習との差を知り、適した使い方を採用することが必要でしょう。

いまのディープラーニングにはできないことがたくさんあります。中でも、一番の問題は「説明がつかない」ことです。これまでの機械学習もしくはＡＩ（人工知能）のような、出力の理由（因果関係）をディープラーニングでは明確にすることが一般には困難です。

よく、「ディープラーニングはブラックボックスだからエラーした時の説明ができない」と言われますが、実際にはコンピュータ内の処理過程はすべて記述されるのでブラックボックスではありません。ただ、プログラムコードがいままでのＡＩとはあまりにも違い過ぎます。式にどう発展するかは書いてあっても、式を見ただけでは発展した結果が予測できないような書き方になっているのです。

カオス的と表現すればいいのでしょうか。ニューロンの発火状態を主成分分析し、ビジュアル化するツールで見てみると、中のたくさんの小さな部分空間に重要な構造が埋め込まれているような状態になっています。例えば、主成分分析という手法では高次元の事象を低い次元に落として視覚化します。これを使用すると、一番割合の多い第一主成分が全体の何％の状態を説明しているかを確認することが可能です。「寄与率」と呼びます。この寄与率が数％未満程度だったら誤差やノイズとみなされます。

ところが、ディープラーニングの発火状態を主成分分析すると、そのノイズとみなされそうな部分に、重要な構造が入っているケースがあります。ディープラーニングは確率表現を持てないため、学習過程で教師データ全体をこのような構造で表現すると考えられるのです。パーセンテージの大きいところはもちろんわかりやすいのですが、途中ある程度の割合を占めているのに何をやっているかわからない軸が出てきたり、１％以下の割合のところに、これは言語の文法だと推定される構造が入っていたりします。

私たちは学習後にある程度そうした解析を行っているのですが、こうした要素が

主成分分析
たくさんの変数がある問題を少数の問題に投射（近似）することでデータを解釈しやすくする手法。

入っていないとおかしいという予備知識があるから探せるのであって、そうでなければいまのところ可視化したすべての構造を説明することは困難です。ビジネス利用を考えた場合、これは問題です。安心できないなどの理由で応用先や利用者に対して制限がかかってしまう要因になるため、「説明のつかなさ」が現状のディープラーニングの大きな限界の一つだと言えます。

ディープラーニングには設計論がないことを知る

もう一つのディープラーニングの限界は明確な「設計論がない」ことです。音声にもビジョンにも言語にもディープラーニングは使えるのですが、一般的な設計論はまだありません。ニューラルネットワークだからフレキシビリティーはとても高く、いくつニューロンを使ってもいいし、どういうつなぎ方をしても利用可能です。経験から、こういう問題にはこんなつなぎ方がいいだろうという大雑把な見当はつけられますが、通常の機械設計やプログラミングのように、ニューロンの位置や組み合わせを細かく設計してその通りになるというものではないのです。

現在のディープラーニングには「最適」という定義を与えることが困難であり、どうしたら正答確率を上げられるかということがわかりません。基本的には、繰り返して構造を試すことで精度を高めていくしかないのです。

設計論がないのと同様に、どういうデータを用意すれば効率的に成果が得られるかという明確な基準もありません。ラベルが貼ってあればベストかというと、同じような場面であまり違う結果が出るようなラベルを準備してはいけないし、全然違う場面なのに同じラベルが貼られているのも問題です。特定のコンテキスト（文脈）が強く反映されているようなデータが入ってくると、それを類推するような機能はないので理解できません。どういうデータをどう揃えるかというのは大変大きな問題ですが、そのための明確な指針はいまのところないのです。思ったような成果が得られない場合は、データが適当かを疑わなくてはなりませんし、こうしたデータならこんな結果が得られるのではないかというのも、経験的な推測でしかないケースがほとんどです。

ディープラーニングにはいくつかの限界があります。それにも関わらず利用されるのは、そこまで厳密な設計をしなくても使うことができてしまう、そしてパフォーマンスが出てしまうからなのです。

ディープラーニングの構造やパラメータをディープラーニング自体で学習させようという研究もありますし、ディープラーニングが出す結果に対して評価をさせようというディープラーニングの研究もあります。例えば、絵を自動出力できるディープラーニングと、人間が描いた絵かどうか当てさせるディープラーニングを競わせるGANなどは非常にホットな研究トピックです。こうした研究が進んでいけば、もう少しディープラーニングの中で行われている計算も見えやすくなってくるかもしれません。

このように、使うことはできるが使い方はよくわからないのがディープラーニングです。いろいろなことができるというのは明確な問題が設定された時の話であり、本当にあいまいな問題では力を発揮できないし、そんなに万能な機械ではありません。もちろん、これらの課題は今後の研究の中で解決されていくべきものですが、すぐには解決されないことを前提に利用法を考える必要があります。

GAN
イアン・グッドフェローが考案した生成モデル。

人間がブラックボックスを使うか考える

今後のディープラーニングのビジネスでの活用でよく話題になるのが、何をやっているかわからないものを果たして人間は使いたがるか、ということです。事故が起きた時に説明できないものを人は使うのか、はたまた人に販売できるのか。ディープラーニングが誤った学習データから画像データを見間違えて、差別的な結果を表示してしまうこともありました。悪意あるデータが紛れ込んでしまったら、どんなトラブルが起きるかわかりません。

学習能力や適応能力が高いから今後ディープラーニングは使われていくのでしょうが、一方で高い能力の中で何が行われているのかわからないのも現実です。現在市販されている機械の性能は、例えば安全性能一つとってもとてもわかりやすくなっています。そうしたわかりやすい性能の中に、中身のわからないディープラーニングを組み込むというのは常識的に考えたら無理でしょう。製品としては販売できないという結果になります。

しかし、ユーザーの考え方が変わってくれれば可能になることはある、と考えています。つまり、従来の常識では説明できないものがディープラーニングなのだと受け入れてもらえるか、です。

例えば、馬を交通手段に使っていた時代、ツールそのものである馬がまさにブラックボックスでした。当時の移動手段として、馬は最も優れたツールだったでしょう。しかも、半自律で運転でき、障害物にもぶつかりません。そのため、馬は高い評価を得て人間に使われました。そんなブラックボックスの馬と同様、ディープラーニングもブラックボックスゆえの欠点を超越してユーザーから有用だと理解されれば使われるはずです。

ただし、そのためにはユーザーにそういう機械もあるのだと思ってもらうことが重要です。ディープラーニングが故障や事故を起こすたびに製造者責任を問われるようでは、ビジネスとして成立しません。利用者の責任を理解してもらえなければ製品は流通しないでしょう。

その他には、ディープラーニングを組み込むツールに人が感情移入できるようなインターフェイスデザインを組み込むなどの方法も考えられるでしょう。もちろん、ディープラーニングのパフォーマンスだけを判断基準とする製品も可能だと思いますが、より多くの利用者に受け入れてもらうためにも、犬や馬のように愛らしいから許されるといった付加価値を盛り込むことも重要になると思います。

今後の自動運転車も完全に事故ゼロではないでしょう。しかし、そういう存在であっても自分が運転するよりはるかに安全だと理解する人が現れれば、その人は乗るでしょう。昔の馬だって信用できないと乗らなかった人もいたのでしょうから、利用者側にもディープラーニングを受け入れる上での差異は生じると思います。

ディープラーニングの普及には法整が必要になる

ディープラーニングは使い勝手のいいツールで、小さなアプリケーションを作るだけであれば簡単です。例えば、占いや人生相談の教師データは山のようにあるため、このようなアプリはすぐ出そうです。これをＡＩが答えていると明かさなければ、低コストで人生相談ができるかもしれません。ロゴデータを作るとか、使い捨ての音楽系の創作物など、著作権に触れない制作物を簡単に作れます。

人間はコンテンツではなくコンテキストに意味を見出す存在ですから、コンテキストに訴えるような制作物をうまく作ればいいわけで、感情的に受け入れやすい応用アプリケーションの制作には大きな可能性があるでしょう。

しかし、こうしたディープラーニングのさまざまな成果を社会に普及させようとした場合、ディープラーニングの技術的な課題とは別に、多くの問題をクリアすることが必要でしょう。法律問題もその一つです。

現行の法律の解釈で解決できる問題もあるでしょう。もちろん、いくつかの法律を作り直す必要はあるのですが、そういうケースでも法律はゼロから作るわけではなくて、現行の法律を対応可能な形で変更して適用していくことが多いようです。

例えば、アメリカのドローンは法律的にも産業として健全に発展できるように、細かい飛行規程が適用され、利用が促進されています。

一般の人から、ディープラーニングを感情的に拒否して欲しくはありません。そのためには、研究者や企業が情報をオープンにしていく必要があります。社会から、秘密で何かを作っていると思われるのが最も避けたい反応です。悪用しようと思えばいくらでも悪用できるツールですし、軍事利用も簡単なので、オープンにすることで利用者の不安を払しょくする必要があります。

ディープラーニングのオープン性は大きな財産である

ディープラーニングを受け入れてもらうためには、社会に対して研究のオープン性を見せていかなければならないわけですが、幸いなことにディープラーニングの研究の多くはオープンな形で発表されています。ディープラーニングの世界は、研究の論文誌での発表よりも、ネットワーク上のアーカイブに載せることが先行しています。

論文誌や国際会議では通常正式な発表の前に、他の学者からレビューを受ける必要があります。レビュアーはその研究が本当に新しいものなのか、価値はあるか、著者はしっかりしているかといった点を評価し、これを通過した学会誌掲載論文を何本か発表すると博士になれます。しかし、ディープラーニングの研究者の多くはレビューを受ける前に、ネットアーカイブで発表する傾向があるのです。

通常はレビューされていない論文は価値がないものです。例えば、『サイエンス』

などは編集者がチェックして、最初にほどんどの論文をリジェクトしてしまいます。その後、レビュアーに回して評価がよくなければまた落ちるという繰り返しの中で、ようやく掲載にいたります。

しかし、ディープラーニングに関してはグーグル・ディープマインドの研究者でも誰でも、研究結果が出るとすぐレビューの手順を飛ばしてオープンにしてしまいます。研究者同士がオープンにお互いの知識を交換し、他人の研究結果を実装して試してみることに価値を認めるカルチャーがあるのです。あるベンチャー企業では、社長が新しい論文がネットで発表されたと社員にメッセージを送ると、数時間後には「実装しました」というレスポンスが返ってくるそうです。

ディープラーニングが危険性や不安という社会的なマイナス要素を払しょくするために、オープンなカルチャーを持っているのはいいことだと思います。

この背景には、ディープラーニングがいままでのＡＩの常識とあまりにも違っていたことがあるのではないかと思っています。フェイスブックのYann Lucan氏はプレゼンテーションの時に、昔レビューで落とされた論文と、それが現在どれほどの成果を上げているかをいくつも紹介します。

通常の論文審査ではレビュアーに納得してもらうために、レビューに通りやすい論文の書き方を意識することもあるでしょう。レビューを通すことを第一義に考えるとするなら、いままでの価値観と大きく異なるものは通りにくいと思います。ディープラーニングの研究は従来のＡＩ研究と方法論が異なるため、既存の価値観で審査されると評価を受けにくかったのです。それなら、複数の人に実装してもらい結果を積み重ねることの方が大切だという考え方も出てくるわけです。

最近は学会誌も歩み寄って、先にアーカイブに上がっていたものをレビュー用にモディファイし、改善して発表すればかまわないという仕組みに移ってきています。画像や音声はネットにデータが膨大に存在するため、アルゴリズムさえ考えればすぐに試すことが可能なディープラーニングの論文数は増大傾向にあります。

ロボットへの利用はまだ視界不良な状況

私たちがディープラーニングに取り組み始めたころは、Ｃ言語などで一からプログラムコードを書いていましたが、いまはグーグルのテンサーフローや、それを使

Ｃ言語
１９７２年にＡＴ＆Ｔベル研究所のデニス・リッチーらによって開発されたプログラミング言語。

うための豊富な拡張ライブラリが急速に増加してきているため、コモディティ化が進み、よくできる高校生ならディープラーニングを実行することができてしまう状況になってきています。

理論的には偏微分などが必要になるため、高校の数学の範囲を超えているのですが、実装して試すだけなら可能です。GPUが載っているサーバーはまだ数十万円しますが、必ずしも購入できない金額ではないですし、それを手に入れればディープラーニングは実行できます。グーグル以外からもいろいろなツールが次々に登場していて、ツールを使わせることでデータを収集し、それを財産にしていきたいというプランで無料や低料金で提供しています。このため、利用のハードルは低くなり、今後アプリケーションが量産されそうです。

多様なツールにはそれぞれ特徴があります。メモリ管理が得意だったりスピードが速かったりなど、それぞれの研究に適したツールを選択することも大切です。私の研究室ではテンサーフローとチェイナーを使っている学生が多いですが、C言語で書いている学生もいます。

もちろん、Cなどの高級言語で一からきちんと考えて書くのが最も高速に動くの

偏微分
変数を二つ以上持つような関数において、対象の変数以外を定数とみなして微分したもの。

ですが、そのためには技術が必要です。コンピュータが高速化し、ツール類がより改良されていけば、徐々に一からの開発がツール利用に移っていくのだろうと思ってはいますが、そこにはメリットもあります。共通のツールで作れば外部との共同研究がしやすいのです。

自分たちだけの特殊なアルゴリズムだと、研究をシェアすることができません。一昔前なら1人ですべてをコントロールしていた研究も、いまはデータを持っている研究者と、独自のアルゴリズムのアイデアを持っている研究者が協力して、いかに共有可能な環境やツールを使うかが大切になってきています。研究の構成要素をシェアすることによって、研究のスピードアップと、より広範な展開が可能になります。海外連携なども常に考えていかなくてはならない時代なのです。

別の例ですが、ロボット研究は少し前まで、その大学でしか作れないロボットを作る競争でした。しかし、いまはロボットのOSの共通化が急速に進んできています。OSやハードウェアが共通なら、共同研究が可能になります。もちろん、独自のハードを作る研究は極めて重要ですが、共通した開発環境で応用について考える研究が増えてきているのです。

いろいろなシーンで応用できる可能性のある汎用的なロボットを、それぞれの研究者が少しのハードウェアの改造で利用し、新しいアプリケーションを作って発表できる時代なのです。研究を行う上でもこれからはすべてを1人で行うのではなく、共通した環境の利用が当たり前になるため、従来は独自規格が多かった産業用ロボットのOSやインフラ基盤の規格も揃えていく必要があるでしょう。

ロボットのハードウェアに関して、私の学生時代（アイボの登場前）はコミュニケーションロボットというコンセプト自体が存在しなかったため、完全に新しいロボットを開発せざるを得ませんでした。しかし、いまは必要な機能を備えたハードが存在するため、すばやいプロトタイピングという意味でも、また将来的な共通化という意味でも既存のものを改造する方法論が有力だと思います。

ディープラーニングのツールには、ほとんど画像認識とテキスト処理のライブラリが付属していますが、ロボットの利用はまだ想定されていません。ロボットのOSは研究者ではROSの利用が圧倒的ですが、これはフリーのOSなので現時点では信頼性は保証されていません。製品開発にまで対応した世界標準のOSがまだ存在していない状況です。

ファナックはプリファードネットワークスと提携を発表しています。彼らは高いシェアを占めているため、その中で標準化ができるでしょう。ただ、アメリカの動きもまだ不明確ですし、このあと世界標準という意味ではどうなるかはわかりません。将来的には、標準化が進んでロボット研究を加速してくれることを願っています。

家庭用ロボットは人間型を意識する方が効率的

家庭で使われるロボットは人間型がいいかどうかという議論がありますが、私個人は2本の腕など、ある程度人間と共通する機能を持っている方がいいと考えています。新しい機材としてのロボットを家庭に入れてさまざまな仕事をやってもらうわけですから、人間のかわり、人間の使う道具を使えるということを意識するのであれば、そっくりではなくともある程度人間型を意識するべきでしょう。

そうすれば、ヒューマノイド研究がさらにクローズアップされてくるでしょう。

先に紹介したように、ヒューマノイドは早稲田大学が非常に長い歴史を持って研究開発し続けていますが、つい20年くらいまではロボット研究の中でもかなり特殊な存在だとみなされていたと思います。安定した移動のために、2足歩行が何の役に立つのかという意見もありました。しかし、ホンダのＰ2が登場し、同時期にＭＩＴのロドニー・ブルックス氏の研究が現れ、徐々にヒューマノイドが増えてきました。その後、アシモが発表され、東京大学もヒューマノイドに取り組み始めました。これには少し驚きました。

一般に国立大学では学術論文が重視されます。早稲田大学は私学ですから、世間に新しい価値を提供する、という挑戦に意義を求めたと思いますが、学術成果を重視する東京大学がヒューマノイド開発を行うということがヒューマノイドロボットの意義、価値づけをさらに向上させたように思います。

ヨーロッパでは少し方向性が異なり、人間型ロボットを人間理解に活用しようという研究が盛んです。実は、このようなヒューマンロボットインタラクションや認知ロボティクス、認知発達ロボティクスは日本が発祥です。いまやヨーロッパは日本以上にアクティブに研究を展開しています。例えば、イタリア技術研究所で開発された、アイカブという幼児を模したロボットがあります。仕事はできないし歩けませんが、子供の発達過程をモデル化し理解する目的のロボットです。1体数千万円しますが、ヨーロッパでは多くの大学にあるのです。

対してアメリカでは、近年になってDARPAロボティクス・チャレンジでヒューマノイドが対象となりました。実用的なロボットというだけであれば、クローラーや4本足で機能に不足はないのに、人間型ロボットを題材に、しかも人命救助のコンテストをやったのです。DARPAロボティクス・チャレンジの結果を受けて、世界全体で人間型ロボットが期待される状況になってきています。私たちが以前から持っていた人間型ロボットへの関心、人間というものを知りたいという学術的な関心も含めたところだけでなく、ヒューマノイドはより実用的な応用にも近づいてきているのだと思います。

また、石黒浩教授のアンドロイドなどが典型ですが、人間型のロボットが人に対し接するのが当たり前になってくる状況も研究上、意識する必要があります。アンドロイドが倫理、道徳面から問題があるという人は当然いるでしょうが、研究者は作れるものは作ってしまうし、作られたロボットは応用されていきます。アンドロイドが不気味の谷を超えられるかどうかはわかりませんが、もし超えてしまえば人

不気味の谷
1970年に森政弘博士が命名した経験則。人の受ける印象はその忠実度と深い関係があるとする。

間よりもアンドロイドを好む人は必ず出てくると思います。

このように、20年前から大きく歴史が動いて、多くの研究者がヒューマノイド研究に取り組み始めたと言えます。

ロボットに作業を行わせることだけを考えればそれほど人に似せる必要はないのですが、家の中で一緒に暮らす存在としてはより人間に近い形の方が受け入れられるでしょう。このように考えていくと、人間型は必然とすら思えます。すぐにできるかどうかという議論はありますが、それを作らないという理由はないはずです。

家庭用ロボットとして、最初はルンバなど単一作業のロボット掃除機から始まりましたが、複数の作業ができるようになれば家庭での利便性が一気に高まるでしょう。そして、知能化が推進されていくだろうと思います。その際、人間型であることは受け入れやすさのカギになり、普及を加速するのかもしれません。

大企業には二つの方法で対抗する

ここ数年のディープラーニング研究は、私が本来興味を持っている「人間の知能」「ロボットの知能と身体の関連」といったテーマの数歩手前にある、便利な応用アプリケーション群の研究開発という形で展開していくと思っています。画像認識、音声認識、自然言語処理、そしてそれらの統合技術です。これらの応用研究が非常に早く展開していくでしょう。

ここ3~5年は皆が当たり前に手に入れられるデータを消費していくでしょう。イラスト、絵画の生成、音楽の生成、ウェブデザイン。医療診断、占い、天候予想。いま、出現が予測されているこれらのアプリケーションはすぐに登場します。その後、個別の特徴ある実世界向けのアプリケーションに主流が移ってくるのではないかと思っています。すでにＩｏＴのコンセプトがあるわけですが、ある会社の特定のデバイスだけで取れるデータ、工場で特別に使えるツール、その会社が特別に持っているデバイスや環境などの強みにディープラーニングがつながって、独自のアプリケーションやライブラリとして提供できるようになるでしょう。

ディープラーニングを使って、画像を加工して見せる新しいアプリケーションを作ったとします。しかし、短い期間の間に大企業が同じジャンルで、もっとすごいものを発表してくるということがありえます。それはなぜかと言えば、すでにあるデータベースを使用して計算するだけでできるからです。先行する大きな会社が本気で取り組んだら、アイデアだけではなかなか敵いません。アプリケーションを思いついた、面白いというだけでは、先ほど挙げた私たちのリップリーディングのように、すぐに同種のもので異例の性能を出されてしまうということが残念ながら起こるのです。このように、インターネット上にあるような、すでに情報化されたデータを集めるだけで実現できるアプリケーションは、大手に簡単に真似られてしまいます。これを避けるためには、二つの方法しかないように思います。

一つは自分たちにしか取れないデータを利用すること。自社の持っている特殊なデータや、自社所有のロボットを動かすことによってしか得られないデータなどがこれにあたります。もう一つは本来の知能研究、ディープラーニングを踏み台にした新しい研究を行うことです。後者は研究としても難しく時間がかかりますが、重要な視点です。

ビジネスにはオリジナルデータが何より大事

さて、先にお話ししたように、企業にとってまず大事なものはデータだと言えます。

いまやインターネット上で音声や画像、テキストのデータをグーグルなど一部企業に掌握されてしまったことはもう仕方ないと思います。ネット上のデータを使って効果を上げるディープラーニング活用については、すでにその多くの可能性が押さえられています。今後も、転移学習などでパフォーマンスがどんどん上がるでしょう。

であるならば、ディープラーニングでビジネスする場合、それに真正面から対抗するより、日本の企業だけが持つデータを大事にすることが重要です。その一例として、日本における〝モノづくり〟は有望な分野です。日本のモノづくりは自動化が進んでいますが、一部にはどうしてもこれまで自動化できなかった分野もあり、それをディープラーニングで自動化するということに期待が持てます。モノづくり

転移学習
特にディープラーニングにおいて、すでに高い精度を得られた学習ウェイトを他の問題に再利用する手法。

のデータや機械のデータなど、日本の産業界の強みを意識すべきだと思います。

例えばロボットの場合、日本は学術でも企業の販売台数でも欧米に負けていません。しかも、ロボットから取得できるデータはロボットの所有者にしか手に入れられないものが多く、撮影による画像や録音による音声などのように手軽に入手できるものではありません。ロボットという機材を実際に動かさないと手に入らない、オリジナルデータです。

ただし、データの集め方はかなり難しいと言えます。私のもとにも「データはあるので、これで何とかなりませんか?」と企業の方が相談に来られます。データとは、それをどう使うかというアイデア次第で生きも死にもするのですが、企業から持ち込まれるデータには、得たい結果と結びついていないものもよくあります。そのデータでディープラーニングが何かを学習はするでしょうが、出てくる結果は保証できないというケースです。

極端な例ですが、ラベルの名前として番号がついていて、これを数値としてディープラーニングで学習しても何の意味もないでしょう。その数字は他の名前の数字とは大小関係などはありません。二つの数字の平均をとっても、それがまた別のラベルの数字と同じになることはあるかもしれませんが、それによって何かが判明するわけではありません。

このようにディープラーニングを利用する場合、どういう入力に対しどういう結果を出せるか、という見通しが重要です。こういうデータを揃えればこういう結果にいけるかもしれないという視点から、データを集め直すことが必要な時もあります。

企業でディープラーニングを利用するなら、ゴールを狭めれば、データ数は極端に多くは必要ありません。

例えば、人の描いた落書きからきれいな線画を作るという研究では、使用した線画データは100枚強ほどで済んでいるそうです。なぜなら線画の場合、もとのデータを拡大、縮小、回転、そして平行移動したりすることでほぼ無限にデータ数を増加させることが可能だからです。このように、データは膨大に必要ではありますが、ターゲットを決めて、データ加工の工夫(水増し)によってデータは増やせる場合があるのです。

データセットは目的によっては、すでに揃っているものもあります。コンペティ

データセット
主に機械学習を行うためのデータのまとまり。

ション用のデータベースがオープンになっているケースなどです。そのままではもちろん使えませんが、類似のアプリケーションを考えている場合は、動くかどうかの初期テストに使えるでしょう。

このように、広く誰でも利用できるような画像認識を実行する場合には膨大なデータが必要ですが、企業が自社の業務に関連した特定の目的にディープラーニングを利用するならデータ量はある程度抑えられます。

膨大なデータ量がないと学習が不可能な問題ではなく、ディープラーニングならできそうだが従来の方法ではうまくできなかったような目的に絞り込めれば、ほどほどのデータ量と適切なコンピュータへの投資で成果を上げることが可能でしょう。そのためには、目的にあわせたほどほどの量のデータを見つけられるかどうか。それがディープラーニングに取り組む第一歩として重要です。日頃よく使うデータを再利用することもあるし、外部のデータと組み合わせて利用することも可能でしょう。

人材育成の視点から見た人材の確保について

データを得られたなら、次はそのデータの有効性を判断する必要があります。例えば、ディープラーニングは明らかな嘘のデータが多く入ると、解答がそのデータの影響を受けます。逆に、ある程度のノイズデータが有効に働くケースもあります。このように、データ内容でディープラーニングの性能がよくも悪くもなるのです。ディープラーニングの中がブラックボックスであると説明しましたが、結果が誤っているかどうか、という判定自体が難しいのです。

このようなデータの判断と利用できる人材を一定人数育てる、もしくは外部から共同研究者として有力な人材をスカウトする必要があります。

まず人材育成ですが、ディープラーニングの開発ツールは充実しており、前述したようによくできる高校生ならディープラーニングを利用できる環境になってきました。しかし、それはスマートフォンのアプリなど、本当に簡単なソフトなら作れるという話です。グーグルやマイクロソフトと競うほどのソフトを作れるということではありません。学術の世界も同様で、評価の高いジャーナルに論文を発表する、グーグルやマイクロソフトの論文の参考文献に取り上げられる、といったレベルになると、それは容易なことではないのです。

しかし、いまの若手研究者にはかなりのポテンシャルがあると感じます。企業がそうした若手研究者を支援する、あるいは企業の中で若手研究者を育てていくことが大切だと思います。

ただ、年齢に関係なく、最低限の知識があって本人に意欲があれば適性があると言えるかもしれません。中高年の技術者の方でもすばらしい結果を出される場合もあります。私が共同研究している企業で、年上の方の中には最初まったくディープラーニングを知らなかった人もいましたが、研究を進める中でディープラーニングにもかなり慣れて面白い成果を上げてきています。40代50代だからといって、ディープラーニングを始めるのに遅すぎるということはないのかもしれません。

先日、エヌヴィディアの人が、「セミナーに東大と早稲田の学生がたくさん来てくれた」と言っていました。それは、これからディープラーニングをビジネスに利用しようと考える企業の人間にとって少し問題です。いまの大学でディープラーニングを勉強できる環境が少ないから、外部セミナーにまで参加しているとも考えられます。

このように、ディープラーニングを教えられる人材が少ないため、ディープラーニングの経験がない人たちは自ら論文を読んで実装し、それにより経験を積むという手順を踏まざるを得ません。ただ、一定数以上の人が集まって学習すれば、独学よりも効果的にディープラーニングを習得できます。みんなで論文を読んで実装して結果を共有すれば、ディープラーニングの研究もスピーディーに進んでいきます。そうした環境をつくることも、ディープラーニングの取り組みには非常に効果的です。

しかし、日本の企業の多くは組織が縦割りになっているため、ディープラーニングへのアプローチも個別でやり、部門間の意見交換も少ないというような非効率的な研究開発も見受けられます。

意見交換しないと、人間の学習は進みません。自分だけで考えるのと他の人の評価を聞くのとでは進歩のスピードが違い、レベルが近い人同士で作業を分担すれば効率も上げられます。しかし、現実にいまのところ企業では数人レベルでディープラーニングに取り組んでいることが多く、それぞれはとても優秀な人なのですが、多くの人と意見交換しないことがものすごくもったいない気がします。情報共有ができないため、やっても無駄という作業をしてしまうというケースも多いのです。

大学では外部と協力することを前提に、若い研究者が論文をインターネットに公開してその内容を他の研究者に実証してもらい、フィードバックを受けながら情報共有することで研究を加速させるのが当たり前です。企業がどこまで自らの研究成果を外部に公表できるかは難しい問題かもしれませんが、ある程度公表して改良に協力してもらうことが開発のスピードを上げるためには必要です。

アメリカでは盛んに研究開発の途中経過を公開し、外部と情報を共有します。日本にはそのようなオープンなカルチャーがないため最初は難しいかもしれませんが、自社の戦略をしっかりと立て、市場の競争原理と公開のメリットとのバランスを図りながら研究開発を進めるのがいいのではないでしょうか。

そのように企業内の研究開発環境を構築する際、自社の中でどのようなバックグラウンドを持つ研究者、技術者がディープラーニングに向いているかという問題もあります。情報工学の基礎を学び、機械学習の知識を持っていれば、ディープラーニングに取り組みやすいということもあるでしょう。

繰り返しになりますが、いきなり先端研究をするのではなく、単純に始めるだけならディープラーニングのツールでいいでしょう。社内のデータをディープラーニングで活用するというレベルに達するためにも、ツールを使いながら体験を積むのはよい方法だと思います。

なお、使うツールに自らの研究が影響されてしまうこともあるので、ツールの市場シェア率も調べた方がいいでしょう。例えば、いまはグーグルが提供しているテンサーフローというツールのシェア率が一番高いわけですが、仮に共同研究している仲間もテンサーフローを使っていれば自分もテンサーフローを使っていると都合がいい場合があるわけです。学習結果は別のツールに変換できますが、少々手間がかかります。もちろん研究の対象によって、テンサーフローにも長短があります。また、オリジナルのアルゴリズムを記述する場合、テンサーフローに組み込むこともできますが、Cなどの他の高級言語で記述した方が早いケースもあります。

テンサーフローのシェアが伸びれば、ディープラーニングのツール市場でもグーグルが圧倒していくことに怖さを感じます。しかし、他のツールシェアが高いと言えない現状では、それも仕方ないのでしょう。その他、日本のツールのチェイナーは優れたライブラリなので、ぜひ頑張って欲しいと思います。

今後、ディープラーニングのツール市場でどんなシェアの変化が起きるかわかりませんが、自社のオリジナルデータを使ったディープラーニングをビジネスに活かしていくのなら、いまはさまざまなライブラリを活用して小さくスタートするのが理にかなっていると言えます。

ゼロからアルゴリズムを書く経験をする

ツールからスタートすることをお勧めはしたのですが、私の研究室では最初はゼロから、使用する言語はC言語でもパイソンでもいいからプログラムを組んでみて、アルゴリズムを理解してからライブラリを使うようにと指導しています。やはり、大学は専門的な知識を学ぶ場所ですから、何にも知らずにディープラーニングが動くからそれでいいという判断は避けたいのです。原理は本を読むだけで済ませずに、1回実際にアルゴリズムを記述してみるべきだという考えです。それである

チェイナー
プリファードネットワークスが開発した、ディープラーニングのフレームワーク。

パイソン
1991年にグイド・ヴァン・ロッサムによって開発されたプログラミング言語。

程度実行できるようになったら、ライブラリを利用すればいいという立場です。もちろん、企業が真似しなければいけない、ということではありません。

私の研究室では新しいニューラルネットワークのアルゴリズムも研究対象に入ってくるため、ゼロから実装しなくてはならない機会も訪れます。情報学科だったら、本当はライブラリを開発している人に対抗できるくらいの技術力が望ましいのでしょうが、私の研究室は1回アルゴリズムを組んだら、あとはライブラリの使用を許可しています。昔のようにプログラミングに深く傾注する必要はありませんが、一度はアルゴリズムを記述したことがあるという経験は、この先どこかで生きてくるのではないかと思います。

統計解析の専門からディープラーニングに取り組むケースもあると思います。その場合、問題設定部分は一緒ですが、中のアルゴリズムは違うことを理解してください。統計モデルでは、確率的に複数の解答の可能性を許す複雑なグラフィカルモデルを使用します。ニューラルネットワークはもっとシンプルな式になり、統計解析とは考え方が大きく異なります。ニューラルネットワークの式は簡単で、簡単すぎるからやらないという研究者もいるくらいです。

グラフィカルモデル
複雑な多次元の分布を解析する目的で、それを簡潔にグラフ化して記述するための方法。

統計機械学習とディープラーニングの学習の扱い方は違います。統計では人間の知識を式に記述できたのですが、ニューラルネットワークにはそういうものはなくて、数十万のニューロンが勝手にコードを記述していきます。ちょっと意識の転換は必要になるでしょう。

統計を専門としていた人が、世界を説明するのが人間でなくディープラーニングだということに納得がいかないのは本当によくわかります。これまでノイズは除去していたわけですが、データとしてはノイズを増やす必要も出てきます。そうした意識の切り替えは必要なので、過去の経験に捉われることなくディープラーニングを習得してください。

共同研究の人材探し

次に、協力してくれそうな有力な研究者を見つける、という方法です。まずは、学会での業績や政府系の獲得予算情報をチェックするのが一つの基準だと思います。

例えば、産業技術総合研究所の人工知能研究センター、革新知能統合研究センター（ＡＩＰ）などは、日本での第一線にいる研究者を集めています。ただ、扱う分野はかなり広範なＡＩです。大学に目をやれば東大の人工知能寄附講座や電気通信大学のＡＩセンターもあります。東大はディープラーニングを中心に、電通大はもう少し広めにマルチエージェントなども視野に入れています。

もちろん、こうした組織以外でも優れた研究者は多くいます。研究者の研究業績を確認することはいまは簡単で、グーグルやマイクロソフトのサービスで発表論文を確認できます。ただ「論文発表する」ということ自体は学会を選ばなければ簡単だということも注意する必要があります。ｈ－ｉｎｄｅｘなどの指標で、その研究者がディープラーニングの研究でどれほど引用されているかも同時に調べればよいと思います。

政府系、例えば文部科学省や経済産業省が準備している予算を獲得しているかどうかを調べる方法も有力です。そのような審査に耐えうるだけの研究実績があり、いまも活発に研究を行っている証明です。また、企業の場合は、特にパテントを持っているかどうかが重要になる場合もあるでしょう。

マルチエージェント
複数の学習や推論モデルからなるシステムで課題解決を図る手法。

h-index
論文と被引用数に基づいて算出される研究者の評価指標。

ここで紹介したのは、研究者が信頼を置けるベースを持っているかどうかという客観的な評価の例です。もちろん、ディープラーニングのような新しい研究領域では、若手研究者の中に技術を持っている人もいるかもしれません。あくまで指標として捉えてください。

このように、国や学会がプロジェクトや研究者の評価基準を発信しているのですが、あまり活用されていない気がします。国がどういう方向でAIとロボットの研究を展開しようとしているか、それにどのように研究費を出すかがオープンになっているので、企業として取り組む際にも重要な情報となるでしょう。

現在、ディープラーニングを中心にAI研究はまた盛り上がりを見せようとしています。ただ、昔のAIブームでは国が何百億出して、期待が大きくなりすぎました。過大な期待に応えようとして、本来の学術的な研究主旨とズレてしまい、失敗という評価を受けました。ディープラーニングはそうならないようにしないといけません。

日本にこだわりすぎない

前述したように世間からの過度な期待を避けることは重要です。シグマプロジェクトは開発主眼がハードウェアになり、独自のコンピュータを作ろうとしましたが、後発の一般のパソコンの方が汎用性はあると判定されてしまいました。日本独自のものが作れたとしても、それが世界で使われないと残らないということを認識しなくてはなりません。

日本は研究用ロボットのOSも国内の独自規格で作っています。規格としては極めて完成度が高いものですが、いま一つ世界には普及していません。それは海外の多くの研究者がROSを使っているからです。そういったグローバルな視点も持つ必要があります。

日本にこだわりすぎないために、当然ながら企業は世界を市場と考えて、海外進出すべきです。日本オリジナルの技術やアイデアがベースにあるのはかまいませんが、それを海外で普及させるために何をすればいいかを常に意識しなくてはなりま

シグマプロジェクト
1985年に始まった日本の国家プロジェクト。当時の通商産業省（現経済産業省）が立案。予測されていたソフトウェア技術者の不足への対応やソフトウェア開発の効率化を目指したが失敗に終わった。

せん。

同じソフトを作り、ＡＩの成果を発表した時に、それを日本の大学や研究機関で使ってもらうと同時に、アメリカの有力大学や研究機関で使ってもらうことを考えるなどです。少し悔しい話ですが、企業だったらそうした海外展開を意識するべきでしょう。

当然、私たち研究者もグローバルを意識した研究をしていかなくてはなりません。同じ研究論文を書いても、海外の人たちの方が審査に通りやすいというケースもあります。私たちとしてはこちらの方が面白いと思って書いても、彼らの論文の方が評価されるのです。もちろん実力不足もありますが、研究の興味、展開、書き方が欧米の文化に合っているからでしょう。そうしたことも含めて、海外進出を前提に研究を行っていかなくてはなりません。特に、ディープラーニングに関してはアメリカと中国が先行しているのは間違いないので、日本国内にこだわっている場合ではありません。

企業から、自社のツールやデバイスを特定の分野で利用してもらう方法はないだろうかという相談を受けることがありますが、彼らも市場を日本向けで考えている場合が多いように感じています。

真似されないための工夫が必要

ライブラリが普及してディープラーニングの実装が容易になったために、以前は数カ月かかっていたことが数日でできるなど、開発は加速しています。画像系の研究も急激に進んでおり、先ほど例に挙げた手書きのイラストを線画にしたり、モノクロ写真に彩色したりなどの研究も、発表後すぐに、ほぼ同じ機能のアプリケーションをギットハブに載せてくる人が出てきます。再現の質は落ちる場合が多いですが、それを皆が共有し、広まっていってしまいます。

研究者は論文のテーマにしているから学術的には報われるのですが、論文を発表すればアイデアを真似する人はたくさんいます。ビジネス化を考える上では、発表、公開時にはどういった権利を押さえておくかなど、事前の準備が必要になるでしょう。今後2、3年間はアイデアと模倣の繰り返しで、ネットで手に入るデータが消費されていくでしょう。

ギットハブ
さまざまなプロジェクトのバージョン管理を提供するサービス。

ビッグ5の圧倒的なリソース量と同時に、趣味でディープラーニングに取り組んでいる人たちのオープン性にも、ビジネスとして取り組む企業は注意を払っていかなくてはなりません。フリーアプリがiOS、Androidに載ったら同じ機能を商品化しづらくなるかもしれません。質の違いは気にならない人は気にならないし、認識系ではない生成系のディープラーニング利用の場合、見て面白いもの、ウケるものという基準の技術も多く、いくら先に作ったとしても差別化しづらいのです。

いまのディープラーニングのアプリケーションは、品質や安定性よりも、すぐに役に立ちそうなものが人気のある時期で、大きな企業ではそこでビジネスを考えるのはなかなか困難かと思います。

GPUを複数枚搭載したコンピュータも安くなってきています。いまやGPUのニーズは3Dグラフィックスやシミュレーションのニーズだけではなく、ディープラーニングへの利用が大きくなっています。それが市販され、個人でGPUを持てるようになっているのです。この傾向はますます加速されていき、ディープラーニングのコンシューマ化が進んでいくでしょう。そうした状況の中で、企業がディープラーニングをビジネスに利用するには、アプリケーションのアイデア勝負だけでは成功はおぼつきません。先ほど示した独自のデータとアルゴリズムを開発していく必要があるでしょう。

ディープラーニングが本当に必要な問題なのか

企業がディープラーニングに取り組む時に気をつけて頂きたいポイントとして、そもそもディープラーニングを利用しなければいけないような本質的に難しいインパクトのある問題なのか、ということがあります。というのは、ある学習については実行する前から効果が見込めない、もしくはディープラーニングまで使わなくてもよい、発表してもさほどインパクトのある問題ではない、とわかることがよくあるのです。

データ数が十分に揃っていない場合でも、ディープラーニングはとりあえず学習してしまいます。しかし、これでは未学習データに対応できません。そもそもディープラーニング向きではないのです。

これは極めて単純な例ですが、学習結果で認識率100%という数字が出た時は、ほとんど間違いなく学習失敗です。つまり、単に学習データを覚えこませただけの過学習になっている可能性が高いです。もしも、学習データ以外の未学習データでも100%になるとしたら、そもそも機械学習を使う必要のない、わかりやすいルールや数式の書けるような問題だった、もしくはデータが正しくないのでしょう。

他にも、例えばエムニストのような手書き数字認識はディープラーニングを使えば確かに最高性能が出るのですが、ディープラーニング以外の手法との差は1%未満です。このような問題であれば、ディープラーニングでなくてもいいこともあるわけです。また、ディープラーニングでは学習後にニューロン数を削減し、単純化できる手法があるのですが、極端にサイズを小さくできる問題はそもそもディープラーニングの必要性はなかったということも考えられます。データ数が十分にある、本当に複雑な問題ではディープラーニングがおそらく一番正確な答えを出します。でも、実はそもそもそんなに最先端の技術が必要なインパクトのある問題ではなかったということもあるのです。

エムニストの手書き数字認識
画像認識で標準的な手書き数字画像データセット。訓練データ6万枚、テストデータ1万枚からなる。画像には正解ラベルがつけられている。

こうした判定をくだせるバックグラウンドを持った人がアドバイザーとしていてくれないと、間違った結果に行きついたり、正しい成果までひどく回り道をしたりすることになりかねません。人材のところで述べたように、自分のアイデアと方法を技術的に評価してくれる人は、先に紹介したような機械学習研究で客観的な成果を上げている研究者であることが理想です。そういった研究者であれば、この問題はディープラーニングよりシンプルな方法で解けるといった判断も下してくれるでしょう。

おわりに

現在の知能ロボットは、使用目的を限定したアプリケーションベースで行っているものが多いと言えます。センシング、行動計画などの知的処理を持ちつつも、農業ロボット、医療ロボット、建設ロボットなどがバラバラに研究されています。例えば、ターゲットごとに特別な高価な機械を作り、国の補助で安価に導入する、といったプロジェクトもあります。

しかし、今後はこのロボットは農業ではこういう風に使えるが、こうすれば家でも使えるという複数のニーズに応えられる汎用的なものが出てくるでしょう。そうしないと、知能ロボットは本格的には普及していきません。ディープラーニングが画像、音声、テキストに使えるのと同じように、ロボットが汎用的に使える、という可能性が示された時、皆がそれを「知能ロボット」と初めて呼んでくれて、普及もしていくのだと思います。

2足歩行の人間型ロボットが登場してきた時の皆の期待は、これならどこでも働けるのではないかという汎用性への期待でした。やはり、働く、作業する、役に立つということが、ロボットに求められる本来のあり方だと思います。そのために、ディープラーニングという新しい技術による実環境のマルチモーダルな情報処理を導入した、アームとハンドでマニュピレーションタスクができるロボットが期待されるのです。そうなれば、知能ロボットとして次の段階に進めるのではないかと思います。

〔著者略歴〕

尾形　哲也（おがた　てつや）

早稲田大学理工学術院 基幹理工学部表現工学科 教授
1993 年、早稲田大学 理工学部機械工学科卒業。日本学術振興会 特別研究員、早稲田大学 助手、理化学研究所 脳科学総合研究センター 研究員、京都大学大学院 情報学研究科准教授を経て、2012 年より現在に至る。
2009 年、さきがけ領域「情報環境と人」研究員兼任。2015 年、産業技術総合研究所人工知能研究センター 招聘研究員兼任。ニューラルネットワークおよび人間とロボットのコミュニケーション発達に関する研究に従事。
2013-2015年、日本ロボット学会 理事、2016年から人工知能学会 理事を務める。日本機械学会、情報処理学会、人工知能学会、IEEE などの会員。

ディープラーニングがロボットを変える　NDC 007

2017年 7 月25日　初版 1 刷発行　（定価はカバーに表示してあります）

発行者　井水　治博
発行所　日刊工業新聞社
〒103-8548　東京都中央区日本橋小網町 14-1
電　話　書籍編集部　03（5644）7490
販売・管理部　03（5644）7410
ＦＡＸ　03（5644）7400
振替口座　00190-2-186076
ＵＲＬ　http://pub.nikkan.co.jp/
e-mail　info@media.nikkan.co.jp

編集協力　狐塚　淳（株式会社クリエイターズギルド）
印刷・製本　新日本印刷（株）

落丁・乱丁本はお取り替えいたします。
2017　Printed in Japan　ISBN978-4-526-07732-6